JN440250

산과
호수와
바람

산과 호수와 바람

초판 1쇄 인쇄일 2019년 7월 10일
초판 1쇄 발행일 2019년 7월 17일

지은이 김선희
펴낸이 양옥매
디자인 김지혜 임흥순
교 정 조준경

펴낸곳 도서출판 책과나무
출판등록 제2012-000376
주소 서울특별시 마포구 방울내로 79 이노빌딩 302호
대표전화 02.372.1537 **팩스** 02.372.1538
이메일 booknamu2007@naver.com
홈페이지 www.booknamu.com
ISBN 979-11-5776-760-1(03800)

이 도서의 국립중앙도서관 출판시도서목록(CIP)은 서지정보유통지원 시스템 홈페이지(http://seoji.nl.go.kr)와 국가자료공동목록시스템(http://www.nl.go.kr/kolisnet)에서 이용하실 수 있습니다.
(CIP제어번호 : CIP2019026521)

부산문화재단

본 도서는 2019년 부산문화재단 지역문화예술 특성화 지원사업으로 지원을 받았습니다.

산과 호수와 바람

김선희 시선집

책과나무

서문

우주의 작은 점 하나로 다가오는 실존적 감각 위에 구체적인 진여眞如의 모습, 자연이 펼쳐졌다.

여덟 권 시집의 방향이 걸어온 길이 거기 있다. 거기에서 한 권에 아홉 편씩 시들을 뽑아 최근 작 열 편을 보태어 한 권의 시선집을 만들었다.

오랫동안 간직했던 원고 뭉치를 등단과 동시에 출간했던 첫 시집 「고호의 해바라기」.

실크로드에 대한 꿈과 상상으로 명상에 들고, 영상을 보며 책을 읽고 원시적인 미지의 땅, 실크로드를 그리며 시리즈로 써 내려간 「꿈꾸는 실크로드」.

어떤 운명적 계기로 다가온 한 사람을 5년 동안이나 숨어서 바라보며 가슴으로 써 내려간 연시집 「내가 거기 서서 끝없이」.

자연과 영감의 세계를 넘나들며 숲속의 산책자가 된 「오랜 숲길」.

같은 해 (한국문예진흥원) 수혜로 비로소 자비 부담 없이 시집을 낼 수 있었던 「세상의 나무」.

빈 그릇에 영감으로 그득 채워진 달빛, 「달빛 그릇」.

아홉 그루의 밤나무가 있는 조그만 밭을 발견하고 거기에 토방 하나를 지어서 살고 싶었던 꿈과 그 꿈이 깨어져 씁쓸했던 「아홉 그루의 밤나무」.

스치듯 내 인생의 바람벽을 지나간 옛 애인은 저 먼 북국 가문비나무 숲속으로 걸어갔다. 「가문비나무 숲속으로 걸어갔을까」.

최근작은 그 뒤로 쓴 것들을 넣은 것이다. 한 권의 시집을 만들기에는 부족해 몇 편을 추려 넣었다. 모든 시편들을 훑어보니 어쩐지 아쉬운 생각도 든다. 많은 어려운 일들이 지나고 지금은 어느 낯선 언덕 위에서 아침을 기다리고 있다.

◦ 목차

3집_ 내가 거기 서서 끝없이

4집_ 오랜 숲길

5집_ 세상의 나무

6집_ 달빛 그릇

7집_ 아홉 그루의 밤나무

8집_ 가문비나무 숲속으로 걸어갔을까

최근 작_ 금빛 연꽃 산 아래

1집

고호의 해바라기

연가

그대 잠든 이마와 검은 팔뚝과
숨 쉬는 꽃그늘 사이로
나의 근심이 안개처럼 긴 그림자로 누울 때
그대 꿈속 비단 하늘이 열리고
무수한 행렬이 지나간다
그대가 달려간 절망의 끝
잔물결 하얗게 부서지는 곳
적막은 우리 사랑의 깊이로 내려앉을 때
그대 꿈속 아득히 비워 둔 그늘
고독한 내 잠 속
슬픈 잠의 귀를 세우고
한밤 내내 물소리로 달려가는
끝없는 여정旅程

그대 잠 속에서 꺼낸
흰 뼈의 피리 불며
서러운 아침이 나팔꽃 사이로 열렸다
그대 손안에 담긴
하루치의 소망
해초 내음 밀리는 하늘 가장자리로
지난밤 어둠을 탄주彈奏하는 그대
그대는 이슬보다 먼저 눈 뜨는
정원에서 깨어나고
천천히 내 일상日常 가운데로 걸어 나온다

소녀

소녀여, 눈이 가고 있다
그대가 알지 못하는 생애가 가고 있다
삶은 언제나 깨어나는 숲이 아니기에 그대 지성과
사랑을 다 태워도 또 하나의 세상이 오고 있다
소녀여, 우리는 모든 것을 알기 전에 사라져야 하고
캄캄한 어둠을 맞으리라
어둠속에 서면 소녀야, 무엇이 보이느냐
우리는 가장 완벽한 그 하나를 해체시켜야 한다
소녀의 생애는 풀잎이기에
풀잎의 역사는 우리 모두의 것
밟히며 흔들리며 밝은 것들이 가고 있다
보내고 또 보내며 우리가 가고 우리가 찾고
한사코 찾고 눈먼 나의 인생을 조명하고
어둠속에 밝혀야 할 것들이 있다
소녀여, 그대 속에 노인老人이 있다
그대는 한없이 유전하는 꽃수레
소녀는 아름다운 이름 속에 숨어
생애의 아픔을 모르지만

그대의 꽃은 곧 저녁을 맞으리라
그리고 우리는 모두 호롱불을 켠다
소녀여, 그대의 오두막을 발견하였느냐
늦도록 헤매는 것은 그대의 참뜻이 아니다
그대는 누구보다 총명하고 예지에 차 있는 사람
소녀여, 눈이 가고 있다, 밝음이 가고 있다
그 이름이 가고 있다

칼

아빠 말씀은 칼이야,
아이들은 칼의 의미를 모른다
다만 왜 말씀에 칼이 들어가야 하는지
곰곰이 생각할 뿐이다
어느 시인은 칼을 가시오, 라는 외침에
의미심장한 시상詩想을 떠올렸지만
나는 몹시 사나운 밤
바람이 던지는 무수한 단도短刀에
모든 물상物象이 깨어지는 소리와
낭자한 그들의 핏자국을 보았다
이제 그대에게 주는 한 자루 칼은
그 분명한 자름을 단호하게
또는 일상의 늪에 빠져 있는 우리들 잠 속에
서늘한 아침의 빛과 설렘을 주는 것이다
생활의 마디마디마다
맺고 끊어야 할 편리의 용도를 위해
칼은 어둠 속에서 기다리고 있다
서슬 푸른 무서움을 뒤로 감추고
예리한 침묵으로 빛나고 있다

시인과 나

폭우가 쏟아지던 날 지하철을 타고
시인과 나는 범어사엘 갔다
산허리를 기어드는 젖빛 안개로
시인은 한 폭의 동양화를 그렸고
나는 8년 전 탱자나무 그 집으로 갔다
그때 날마다 연시와 탱자를 줍던
수묵 빛 산 그림자 호수에 잠기고
시인은 고독한 낚시 줄을 물 위에 던졌다
골마다 물보라로 쏟아져 내리는
시인의 하늘은 푸름에 젖고
반짝이는 잎새마다 산하가 떠올랐다
이윽고 한 폭의 그림이 지워지고 있는 동안
나는 토방에서 들쥐와 함께 잠을 자고
시인은 버드나무 사이로 휘파람을 불었다
탱자나무에는 아직 설익은 탱자가
계절을 챙기지도 않은 채 가시 속에 숨어 있고
시인과 나는 넘쳐나는 계곡을 안고
저마다 다른 하산을 서두르고 있었다

겨울밤을 위한 연가

또 한 번 그대와 가까워지고 싶어 하는
만상萬象을 울리는 차디찬 밤바람이여,
산동네 바람맞이 집 마루 위에 맨발로 서서
그리운 벗들이 돌아간 불야성의 항구
밖에는 한 방울 물조차 흐르지 못해 얼어붙고
세상의 가벼운 것들 미친 듯이 어둠을 떠돌며 온다
내 사랑하는 것은 전신을 떨며 오는 그대 손길
진정 한 사람, 세상에 살아 있으라
친근하게 깊어 가는 시간
다정한 빛의 영감靈感이여,
내 또 한 번 그대와 가까워지고 싶어 하는
살얼음 언덕 위에 맨발로 서서

괘종시계와 음악이 있고
꽃이 지고 천진한 아이들이 잠자는
하얀 형광 불빛 아래의 밤은 고독하다
창문이 그들의 벽을 일제히 울리는 이유를
바람이 허공을 찢으며 내닫는 이유를
물어라, 물어라

향기로운 과일처럼 익어 가는 겨울밤이여,
나는 한 개의 별빛을 향해 참회한다
어머니, 그 이전의 사람들에게
이토록 시린 사랑 한꺼번에 넘쳐들어 오기를
또 한 번 그대와 가까워지고 싶어 하는
목숨의 오뇌懊惱가 강물처럼 깊어지는 밤
홀로 강을 건너는
이승의 나그네들과 함께

남강에서

내 마음이 흐르다 네 마음과 합류하여 눈물 뿌리면 역사의 강물은 푸른 얼굴 위에 은사銀絲를 풀어 아득한 세월 저쪽으로 거슬러 간다

내 마음이 떠돌다 7월 저물녘 강가에서 싱그러운 우기雨氣로 어느 기슭에 갓 피어난 동심초同心草 뿌리를 적시면 오오 이 밤 머물 곳 없어 헤매는 강물 위의 바람이여,

강둑 위 풀섶에 앉아 그대는 노래 부르다 울고 마침내 내 마음도 울리고 마는 저 짙푸른 물줄기여,

흘러가라, 우리 고뇌의 삶은 잠시 강둑 위에 얹히고 다음 세대世代는 어느새 발아래 와서 머물리라

84년 겨울

석 달 반 동안 나는 엉거주춤 머물고 산등성이 바람 소리에 깬 아침, 이 겨울은 또 헤매어야 한다 낯익은 이들의 발등 위에서 발등 위로 선회하며 내가 남긴 것은 풍선처럼 가벼워지는 몸무게, 남은 것은 삼년 반 일까, 삼십 년 반일까, 투명한 울음 속 그림자 하나 야위어 간다

84년 겨울, 양지바른 마루 위 게발선인장 꽃봉오리 붉게 맺혔다 개화기도 없는 나의 겨울은 뒷산 나목림 곁으로 간다 여기서 바라보는 세상의 이면裏面은 어떤 것일까

표면의 화사함과 이면의 흉측함을 나무들은 모른다 84년 겨울이 내 허리를 동강 내 거리 저쪽에 쓰러뜨리는 이유를 나는 모른다

수많은 거리와 강변과 바다, 공원과 오솔길, 들판의 푸름이 쓰러져 간 이유를 시베리아 한풍寒風은 모른다 미처 불태우지 못한 덤불숲에 누런 12월의 비가 내리고 있다

설경방문雪景訪問

눈이 내리는 날
하필이면 버스는 절벽 길을 돌아서 갔다
버스 바퀴에 달린 스노체인
우리들은 잃어버린 시간의 아름다움처럼 빛나는
초가집 서너 채를 내려다보았다
우리가 마천면에 도착했을 때
골짜기 가득 분분히 날리는 꽃잎
하늘도 땅도 은 싸라기에 덮여
저만큼 물러나 버린 시계視界 가득히
천지의 환희와 더불어 무수히 빛나던 은가루
보아라, 이 골짜기에 머문 축복이 허물없는
그대들의 방문 앞에 옷을 벗었다
묵은 가지에 쓸리던 적막의 칼끝에
한 움큼 눈물꽃 피었다
우리의 벅찬 기쁨이 한 치 앞을 못 본 채
섬세한 지상의 꽃잎에 쏠려 있을 때
시냇가 깨끗한 바위 위로 이마를 부딪고
무수히 죽어 가던 하얀 나비 떼

벗이여, 그대는 이 골짜기 어느 토방에 앉아
하얀 겨울 나비 떼의 비상飛翔을 꿈꾸고 있다
뽕잎 먹은 누에들의 은사銀絲로 몸을 감고
정령의 꽃잎 마술사가 되어 간다
우리는 어깨 위에 함박눈을 얹고
마침내 그대의 토방 앞에 다다랐다
오, 빛나는 자작나무 껍질로 만난 우리들의 가난함
눈부신 우리의 허무가 그대 영접 앞에
솔가장이 푸른 불꽃으로 녹아내린다
이 골짜기 하얀 눈이 쏟아지던 날
우리의 오랜 해후는 머루 빛에 취하여
그대가 키워 놓은 은백색銀白色 적막을 엿보고 있다

생명의 늪

누구신가요
나를 일으켜 세우지도 못하게 하고 내 육신의 온갖 마디를
어둠에 묻혀들게 한 이는,
누구신가요
나를 옴짝달싹 못하게 하고 바람이 새어 나간 허리춤 어디쯤
한 포기 풀잎 꽃 돋아 오름은,
저것들의 하늘은 이제 막 푸르게 색칠되고
싱그러운 아이들의 웃음소리 납니다
나의 오랜 손이 만드는 스무 몇 층의 탑
그 너머 보이지 않는 손길이 이리로 오고 있네요
내 손의 허전한 지난 꿈은 손금 안의 자잘한 운세로 가라앉고
나는 굳건한 탑을 쌓아 올렸지요
나를 잠들게 하고 잠 속의 나를 불러내는 은밀한 강물의 하모니
누구신가요
나는 언제나 당신을 손짓하고 그 깊은 침잠이 두려워
조심스레 들여다보고 있어요
걷히지 않는 휘장 너머로 잘 다듬어진 어깨넓이
걸음마다 내 공간을 울리는 소리의 늪

누구신가요
저 완벽한 사상으론 해체할 수 없는 검은 포도알 낱낱이
가슴을 부딪는 뜨거운 동요動搖
바람이 붑니다, 무섭게 불어오는 바람 속에 우리의 갈 길은 흩어지고
낯선 항만의 불빛을 찾아 지금 서성거리고 있습니다

2집

꿈꾸는 실크로드

태풍

내부의 견고한 집 한 채가
오늘 밤 태풍에 부서져 내렸다
그가 잔인한 손으로 후려치는 것은
전율하는 정원의 꽃들이다
그 큰 눈으로부터 남몰래 전이되는
한밤의 종소리
잠든 일상을 모조리 끌어내
어딘지 막막히 헤매게 한다
시대의 오만을 누리며 사는 그대들은
한 번쯤 절망해야 한다
세상은 사시나무 떨듯 흔들리며
죄의 목숨 하나씩 떼어 받쳐 들고
이 어둠의 내부를 성찰할 것이다
오, 마력의 능선을 건너가는 그대
거기 무슨 광포한 이끌림의 흥분이 있다
이토록 부수고 또 부수어
재가 된 뒤에
생명의 용틀임 같은 것이 있다

또 전혀 새롭고 상서로운
반란의 아침 같은 것이 있다

호수

그 호수로 가는 길은 진흙탕이 되어 있었다

며칠 동안 쌓인 눈이 이제야 녹아 우리들의 차는 흙탕물을 뒤집어 썼다 그는 그 물을 저수지라 했고 나는 골짜기에 숨어 있는 물을 호수라 했다

지금 쌓인 눈이 녹고 더러 남아 희끗한 풍경을 만들고 있는 곳에 어쩌면 저 고즈넉한 산의 그림자가 호수를 덮고 나는 탄성을 삼키며 호숫가 앞에 섰다 절벽 길 위로 장난감처럼 자동차가 지나가고 보이지 않는 골짝 어디쯤엔 작은 마을이 있다지

호숫가 마른 풀덤불 위에 우리는 비스듬히 앉아 지난여름을 생각했다 그때, 푸름이 뒤덮인 저 아래 개울가에서 그는 물고기 그물을 살피고 경숙이와 나는 사진을 찍었다

골짜기로부터 저녁 바람이 불어와 호수는 그림자를 걷고 작은 파랑에 뒤덮였다 호수만이 큰 비밀을 간직한 채 뜬눈으로 맞이하는 저녁, 스스로의 쓸쓸함에 귀 기울이는 산 그림자 위로 밤은 내릴 것이다

우리는 옷깃을 털고 우리들의 저녁을 향해 일어섰다 늘 그렇듯이, 또는 전혀 새로운 길을 가듯

겨울 산

지금 더욱 맑게 그대를 사색한다
내 발길에 바스러지는 잎사귀들 또는 저 거친
풀숲에 허옇게 흔들리고 있는 억새, 초라한 몸을
맡겨 춥고 삭막한 죽음의 이빨 속을 서걱서걱
갈고 있는 그대들, 아무도 눈여겨보지 않는
얼크러진 핏대 속에 은밀한 태동 꿈꾸고 더욱
깨끗하게 그대 속으로 내가 오르면 침묵이 절절한
말씀으로 펼쳐진다 아직도 해석할 수 없는
비밀부호로 나를 오리무중 속에 가두는, 그것이
그대의 무슨 의도였을까, 시린 눈꺼풀로 꽁꽁
문 닫고 있는 적막의 칼끝에 물방울 하나
몰래 눈뜨면 새들도 비껴선 하늘에 구만 리
그리움이 휘저어 간다

나 어릴 적

나 어릴 적 이쪽 언덕에서 자랄 때
바다 건너 저쪽은 남의 나라처럼 느껴졌네
물결 너머 솟아오른 몇 개의 산봉우리
허리를 반쯤 물속에 담근 검은 산들은
먼 하늘 끝에 적막을 씻어 내고 있었네
나 어른이 되어 우연히 그 언덕을 걸어가네
소녀같이 풀꽃도 따며 노래 부르고
돌 부스러기처럼 희미하게 닳아 버린 고향 언덕이
빌딩 사이로 바라보이고
나 이만큼 변해서 꿈결처럼 아득한
그 이방인의 나라 위를 걸어가네
우리가 머나먼 시간 위를 돌아서
회상의 이쪽 언덕에 다다를 때까지
무슨 꽃들이 지고 그 아이들이 태어났을까
나 어릴 적 저쪽 언덕 위에 자랄 때
나는 조금씩 내 속으로 걸어 들어갔네
물결 너머 몇 개의 산봉우리를 데리고
바람과 햇빛도 지나서 그 거울 속으로

새벽녘의 방목放牧

천지가 깨어나는 소리를 양들은 듣고 있다
희뿌연 광명 속으로 걸어 나오는 천사의 무리
하늘엔 금빛 광채가 뿌려 땅끝까지 적시고
새벽의 대기 속엔 새로운 암시가 열리고 있다
아득한 생명의 바다 한가운데로
저 순수한 양들의 무리를 풀어놓으십시오
끝없이 긴 하루를 조용히 펼치고 싶습니다

꿈꾸는 실크로드

고대인의 발자취가 서린 먼 비단길을 나는 꿈꾼다
거기 일어났다 쓰러진 모든 일들이 내 눈에 보이고
위대한 자연이 숨 쉬는 그곳 어디쯤 나의 전생이 있었을까
먼 그곳을 향한 그리움에 삶의 불꽃을 태웠다
신비로운 모든 것들이 어둠과 함께 묻어 와서 밤마다
나는 바람을 타고 파미르 고원을 넘었다
낙타가 모래먼지 속에 묻히고 유목민의 작은 아이들이
옹기종기 모여 꽃처럼 밝은 웃음을 피우는 곳
고대 왕국의 영화가 눈 녹듯 쓰러지고
세월에 묻혀 한 개 돌조각으로 뒹구는 곳
저 허무의 삶이 모래먼지 속에 부서져 적막만이 감돌 때
홀연히 영의 울림은 나를 숙연케 한다
은빛 비단길이여, 나를 인도하라
그대들의 모든 역사를 감추고 침묵하고 있는
고대인의 땅이여,
내 몇 번을 그곳에서 태어났던가,
적막한 세월의 그림자 속에 버려진 영롱했던
삶의 발자취들이여,

이제 선량했던 그들을 만나러 거기에 간다
아직도 밝혀지지 않은 이야기들이 구르는 돌멩이처럼
지천으로 깔려 있으리라
그대 잠든 영의 귀를 세우고 조용히 일어나 속삭인다

오라비

호랑가시나무는 지금 꽃이 피는데
감나무 잎사귀는 어느새 다 지고 말았습니다
아직 포플러 나무도 푸른데 오라비여,
당신은 그곳에 계십시오
나는 지천으로 깔린 노란 은행잎을 밟으며
당신 가까이로 걸어가겠습니다
오라비여, 삶이 고달픈 당신의 빈 주머니에
젊은 날의 꿈을 채워 드릴까요
우리가 키운 아이들이 날개를 달고
조금씩 어른이 되어 가고 있는 때
당신과 나의 꿈이 포플러 잎사귀처럼
아직 푸르길 바라겠습니까
곧 겨울이 오고 우리들은 추억의 모자를 쓰겠지요
그때 우리는 흰 눈을 맞으며 묵상에 잠깁시다
이젠 흥분해야 할 아무 이유도 없을 때
우리가 아직 살아 있다는 건 우습지 않습니까
호랑가시 잎사귀론 연하카드를 만들고
꽃들은 어느 날 하얗게 떨어져 흩어지겠지요

우리가 띄워 보낸 연하카드의 답장은 돌아왔습니까
우리가 기다리던 그것들이 돌아와야 할 때쯤
오라비여, 우리는 이 길을 걸어서 저 나무들이 있는
숲속에 도달해야 합니다
당신도 나도 노년老年처럼 살아 있다는 건
참 이상하지 않습니까,

수정동水晶洞

수정동 골목길을 오른다 아버지의 상여가 내려가던 그 좁다란 골목길을, 눈먼 할매 지팡이 짚고 서성거리기도 했지, 비참한 그대의 이십 대가 요강에 흥건한 피와 함께 얼어붙은 별들을 바라보며 가쁜 숨을 몰아쉬었지, 내가 버린 이 골목길은 실로 그가 날 버렸으므로 나의 노여움이 입술에 잘근잘근 씹히고 지금은 오라비 제사 지내려 올라간다

천지간에 발간 몸뚱이 하나 떨어질 때 이 언덕 어느 골목길에서 누가 날 받아 주었지, 그리고 바다와 함께 절망을 키워 올리고 수정동 골목길엔 이젠 낯선 사람뿐이다 떠나서 살면 그래도 문득 되돌아보고 바뀐 사람들 안부나 물으며 기웃거리기도 하겠지

이 골목길에서 배운 사색과 체념으로 낯익은 그대들 하나둘 가슴에 묻고 돌아올 수 없는 시간을 향하여 회한의 뼈를 깎는다 우체부가 내 이름을 호명하면 얼른 뛰쳐나가 날아다니는 한 세상의 연실을 붙잡기도 했지, 그러나 저 뿌리로부터 떠날 수 없는 혼의 부름에 내 신경은 뒤척이고 단근질 당하고 무수한 그대의 궤도를 빙빙 돌아야 했지

수정동 골목길을 오르며 이젠 아는 사람도 거북스러워, 초라한 고향이 이 골목의 지번地番 속에 숨어 있단다 내 피같이 뜨거운 사랑도 그 밑에 누워 잠들고 살아서 차갑기만 한 발길은 밤길 속에 어둡다

아득한 서쪽으로

목마르게 목마르게 타클라마칸 사막을 지나고
곤륜산맥, 천산산맥을 지나 아득한 서쪽으로
희망의 꿈길을 따라 서쪽으로 가는 사람이여
인생의 이상향이 저 너머에 자리 잡고 있다고
이 땅의 사람들은 누구나 그렇게 믿었다
눈 덮인 만년설 아랜 짙푸른 초원이 우거지고
양떼는 평화로이 거닐며 풀을 뜯고 있다
천마는 거침없이 대평원을 달려가고
사람들은 대하의 물을 마시며 늙어 간다
여기에 한세상 저물어도 새로운 날이 열리겠지
영혼의 꽃을 피우기 위해 멀리 떠났던 사람들
피멍울 부르튼 육신의 고달픔 길 위에 바치고
저 멀리 서쪽으로 떠난 사람들 이제쯤 돌아올까

3집

내가 거기 서서 끝없이

내가 거기 서서 끝없이 7

참 오랜만에 아침 산을 올랐습니다
숲속에 들어서면서부터 매미 소리가
산골짜기 가득 내려 쏟아졌습니다
향기로운 풀냄새가 떠오르는 햇살과 함께
어디든 풍요롭게 피어올라 왔습니다
사람들이 내려오는 늦은 아침 산길
차양모자 눌러쓰고 풀잎만 보며 걸었습니다
어디만큼 가면 다시 돌아와야 할 지점
연보랏빛 패랭이꽃 몇 송이를 꺾었습니다
이 꽃이 시들기 전 님께 공양해야 한다던
기탄잘리 어느 구절이 생각났습니다
이 아침 몇 송이의 꽃을 바치고 싶은 그대는
아침잠을 깨고 하루 일과를 맞이하십니까
내가 기어이 찾아가면 뵐 수 있는 그대
섣부른 만남보다 조용한 기다림이 좋습니다
인연의 밧줄이 매듭을 걸어 줄 때까지
나의 꽃이 시들어 가도록 바라만 볼 것입니다

내가 거기 서서 끝없이 14

숱하게 널려 있는 시들 속에서 나는 잠을 잡니다
그가 다정하게 내 귀에 시구를 속삭여 주고
오늘 일어났던 모든 일들이 시 속에 갈무리됩니다
그대 사랑이 내게 건너와 내 눈 속의 시를 만들고
직녀는 별을 쏟아 베틀 위에 시를 짭니다
낮에 본 해바라기 꽃들이 자꾸 불꽃을 놓기에
나는 자다가 일어나 등불을 켜 버렸습니다
잔잔한 관심과 보살핌이 그대의 진료실 안을 메우고
나의 작별은 부끄러운 비밀의 기약을 만듭니다
그 버스 길 하늘을 가득 메운 플라타너스 그늘 밑
악수를 청하는 그대 싱싱하고 파랗게 물든 손

내가 거기 서서 끝없이 19

그 길목에 앉아 그대를 몇 번이고 보았습니다
그대가 나의 존재를 의식하지 못하는 곳에 숨어서
나만 혼자 그대의 일상을 훔쳐보았습니다
내게 예사로운 것은 하나도 없었지만 예사롭게 그대는
자신의 일들 속에 파묻혀 바쁘게 움직였습니다
그러나 나는 그대와의 마주침을 두려워했고
아직 나의 존재를 알릴 때가 아님을 알고 있습니다
그대는 이전의 나에게 정말 누구였습니까
그리고 지금은 또 나의 누구입니까
아무 이름도 없이 바라만 보며 그대, 그대라고
내가 부르는 그대는 이후에 나의 무엇이 되겠습니까
그리고 나는 그대에 대하여 많이 생각합니다
끊임없는 향심의 그대는 나를 알고 있는지요
이 하루는 지치도록 그대만 바라보면서 보냈습니다

내가 거기 서서 끝없이 32

숨죽였습니다 산길에서 만난 나무들
보리 껍질처럼 꺼칠하게 말라
메마른 하늘 비탈길에 꺼멓게 섰습니다
그대 눈물의 빗방울 받아 본 지 오래
흙먼지 푸석거리며 밟히고 또 밟혀
흙이 되어 가는 저 잎사귀의 꿈을 보십시오
거울 속으로 떠오르는 내 행색이 초라하여
그 가지에 봄이 오고 붉은피톨들이 살아서
또 한 번 파릇한 그리움 피울 수 있을까요
쓸쓸한 산길에서 죽어 간 목숨들
햇빛 속에 눈부시게 지절거리고 있습니다
자꾸 메마르고 싶은 유혹 떨쳐 버리려
나무들의 고적한 세월 속으로 걸어갑니다
숨죽이고 가만히 엿보는 그대의 하늘
나, 여위고 초라하여 다가서지 못하고
삶의 가장자리만 걸어갑니다

내가 거기 서서 끝없이 34

내 안에 머무르는 그대를 밖에서 만나고
나는 또다시 내 안의 그대와 이야기합니다
내 밖에 머무르는 그대와 나누지 못한
나머지 얘기들을 내 안의 그대와 이야기합니다
만남의 허황된 모순이 나를 누르고
내 가슴의 꽃다발 모조리 흔들어 버리지만
내 안에서 나를 살리는 그대
진정 그대는 문밖에서 내 이름을 부르는 이
지극히 피상적으로밖에 대답할 수 없는
내 안의 흔들리는 꽃가지를 그대는 압니까

내가 거기 서서 끝없이 36

그대가 나의 오두막을 알기나 하겠습니까
언제나 바람 불고 바람 속에 들창 흔들리는
별빛 쏟아지는 보금자리 알기나 하겠습니까
안개 속에 서성거리는 그대는 먼발치에서
내가 어느 모롱이를 돌아 그 꽃밭에 닿는지
그대가 행여 꿈길이듯 알기나 하겠습니까
그대 자꾸 멀어져 가며 외곽을 돌고
나의 오두막은 저물도록 고적하기만 합니다
그대를 기다릴 수도 없는 남루의 일상을 걸치고
까치발로 돋우어 바라보는 그대 모습
그대가 나의 내밀한 방을 알기나 하겠습니까
피었던 꽃들 다 시들어지고 찬바람 일 때
내가 구석지고 어두운 곳에 엎드려 흐느끼는 줄
길밖에 길이 없는 그대가 알기나 하겠습니까

내가 거기 서서 끝없이 48

이 하루를 걸어 다니면서 그대를 잊었습니다
발자국마다 솟아오르는 눈물 꽃 밟으면서
이 하루를 걸어 다니면서 그대를 버렸습니다
버리는 일은 하루에 수십 번 오고
찾아 헤매는 일도 하루에 수십 번 오고
그렇게 저녁은 더욱 먼저 등불 앞에
그리운 푸른 꽃들을 쏟아 놓습니다
이 하루는 절망을 밟고 침몰시키며
돌아와 불빛 앞에 뭉클뭉클 살아납니다

내가 거기 서서 끝없이 72

물만골 오르는 길에 아카시아가 꽃피기 시작했습니다
키 작은 지붕들이 늘어서 있는 산허리 깊숙이까지
마을버스가 들어오고 시원한 약수터 앞 벤치에 앉아
그대는 시를 읽고 나는 나뭇가지를 흔드는 바람을 읽습니다
저렇게 즐거운 새봄이 오고 나뭇잎들 다시 돋아나
산을 덮으면 더 깊은 하늘 속으로 걸어 들어가
약수를 긷는 사람들, 지난겨울은 얼마나 혹독했던지
풀잎들 소곤소곤 깨어나 자리를 깔고 앉은키로
왈츠를 추는 마가렛, 코스모스 씨가 떨어진 자리에
코스모스 어린 싹들이 맑게 흔들리는 가을을 꿈꿉니다
내가 끊임없이 실랑이하는 바람의 길들에 대하여
모색하는 사이 그대는 시집 한 권을 다 읽었습니다
햇살 그림자가 명료한 우리들의 오후를 흔드는
물만골에 지금 봄이 한창입니다

내가 거기 서서 끝없이 79

그대여, 나는 보았지요, 일몰의 한때, 저 푸른 잎사귀들이
일제히 먹물 옷을 입는다는 것을, 그런데 불 켜진 방 안의
나는 하얗게 빛나고 있지요, 이 빛나는 시름으로 시집을
읽고 릴케의 먼 아드리아 해안을 생각합니다
여기에 종이 장미는 없네요, 그러나 헝겊으로 만든 양귀비
꽃은 불타고 있어요. 꽃들은 한 번쯤 매혹의 독한 향기로
기침을 할 듯 입을 벌리고 있네요
그러면 몸살의 저항력 약한 나는 전염이 되고 말까요
잎새들은 내일 아침 다시 새파랗게 깨어날 것이라고
심장을 가리키는 시간의 맥박은 소리치고 있습니다
나도 한 치 밖으로 쫓아내던 어둠을 송두리째 매장시키고
한 마리 새처럼 일어날까요
새롭게 빛나는 우리들의 이마, 명징한 꽃

4집

오랜 숲길

그대가 내게 주었던 1

그대가 내게 주었던 향기로운 말들
내가 그대를 기다리던 긴 시간
그대 아무것도 모른 채 내 앞을 걸어가던 모습
그대의 말씀 한마디 한마디가 내게 오는 꿈입니다
처음과 끝도 모른 채 꽃잎 하나하나 떼어 날리듯
그대의 말씀은 그렇게 귓가를 스치고 갑니다
나는 말씀의 뜻도 모르고 그저 그대의 말씀임만 압니다
그러므로 내가 그대 속에 서 있었던 순간이 있었습니다
그러므로 그대가 내 영혼의 옷자락 하나를 찢어
기를 세웠습니다
그러므로 비로소 어둠의 낭하에 눈물 한 방울 떨구었습니다
내가 모르고 그대가 알듯, 내가 알고 그대가 영영 모르듯
비밀스런 부호로 우리는 얘기합니다
그대와 나는 함께 시대의 배를 탔습니다
그대가 내릴 때 내가 내리고
내가 내릴 때 그대가 내려도 좋겠습니다
시대의 등불도 함께 켜겠습니다
시대의 등불도 함께 끄겠습니다

그대가 내게 주었던 2

나의 사랑은 눈물만큼 작습니다
그 작은 사랑으로 그대 곁에 가려 합니다
그대의 축제에 나는 초대받지 못하나
나의 축제에는 그대가 첫 손님이 됩니다
그러나 나는 축제를 열지 않습니다
스스로의 축제는 마음속에서 열릴 뿐
그들에게 드러내 놓지 않습니다
나는 나날이 그대를 봅니다
그 길목 어디에서든 무수한 사물들의 이름으로
내가 만나는 그대
정작 오늘은 눈물 같은 작은 사랑으로
그대 곁을 스쳐 지나갑니다
꽃이 심어진 자리를 무심히 놓치는 그대
그대가 놓친 사랑이 가슴에 피고 지고
한세월 다 가도록 바다를 이루어 기슭을 치고
나의 바위는 할퀸 모습을 흉하게 드러내 놓습니다
이 절망의 마음이 그대가 모르는
세상 위의 사랑입니다

새벽에 일어나

새벽에 일어나 책을 읽다 불을 끄면
희끔한 창문을 향한 아름다운 실루엣들
아직도 절반은 어둠이다 하고
겨울 아침 싸늘한 정경들은 창밖에서 소곤댄다
불을 끄고 캄캄한 이불 속으로 귀환한다
나뭇잎들 다 땅으로 돌아가 아플 것도 없는
꽁꽁 시린 겨울 아침에
모두가 자는데 너는 깨어 있어라 하고
누가 조용히 말한다
별 소용이 없었던 청춘의 흰 시간들도
그렇게 가치 없이 보내 버렸는데
이제 더 많은 생각들이 넘치고 흘러
어둠을 쪼고 있는 늙은 새의 부리를
네가 바라볼 수 있느냐, 하고 누가 말한다
오늘 내가 열어 놓은 길엔 아무도 없다
그래도 생각으로 수없이 지었던 꿈의 집들과
꽃밭에 함께 흔들리던 어지러운 꽃가루들
이제 거두어도 돌아볼 게 없느냐 하고

내 속에서 천천히 그가 말한다
모두가 다 자는데 나는 깨어 있어요
그것은 위대한 것도 초라한 것도 아니고
내가 나를 보며 그저 흘러간다는 것 뿐

그 노인

오랜 옛날 그 노인은 살아 있었다
그때 나는 노인을 찾아 먼 길을 떠났었다
노인은 삶의 실제이며 표본이었고
나는 우러러 노인의 둘레에서 머물었다
그가 나를 이끌었는지 내가 그에 끌렸는지
노인 하나를 위한 배경 속에 내가 서 있었다
노인은 많은 소도구들을 끌고 시간의 문을 열었고
나는 노인의 세상으로 빨려 들어갔다
그 노인은 아름다웠다
노인은 오랜 세월을 거쳐 스스로 완성되었으므로
나는 한 발 내딛기가 어려웠고
삶의 실제 속에 내가 우러를 수 있는 하늘이었다
노인과 함께한 시간들은 멈춘 것일까
나는 말없는 노인의 가르침을 받고
노인의 옷을 손질하고 함께 밥을 먹었다
그 옛날 노인은 살아 있었다
나도 노인의 곁에 살고 있었다
떠도는 내 청춘 위를 잠시 스쳐 간 노인의 삶이

지금 또렷한 모습으로 되살아온다
내 안에 쌓인 꽃잎들 켜켜이 일으켜 세우며

벚꽃나무 아래서

햇살은 일만 송이 꽃들의 눈을 뜨게 했다
꽃이 핀 하늘의 눈부신 화사함이 빛을 뿌리고
바람은 또 일만 송이 요정들의 꿈을 흔들었다
좀 더 거칠게 불어온 바람의 재촉으로 달려오는
저 순결무구한 아이들의 파르르 떨리는 눈동자
잠시 세상은 끝없는 개화의 하늘 문을 열고 있다
꺼멓게 늙은 나무 밑에 앉아서
그대 어린 볼우물 하나하나와 입맞춤한다
가슴으로 드리는 경의敬意의 뜻을 전한다
또 한 번 만날 수 있게 된 것은 알 수 없는 이의
그 감사의 세월이 우리를 초대했기 때문이다
바람은 일만 송이의 꽃들을 흩뜨릴 것이다
깊은 잠의 세계를 알고 있는 미래의 바람은,

저녁마다 커다란 나뭇잎들은

저녁마다 커다란 나뭇잎들은 눈에 밀려왔다
혼자서 저녁 먹고 그의 노래를 손가락으로 눌렀다
그는 작은 방 안을 가득 채우고 바깥으로 나간다
거기서 저녁마다 내가 만나던 잎새들과 손잡는다
이제 막 꽃이 피려는 시간과
꽃 지고 열매 맺으려는 시간들이 함께 어울려
짧은 저녁나절에 피는 내 사랑과 더불어
기쁨과 설렘과 또 알 수 없는 눈물들을
후드득 떨어뜨리며 흔들린다
참으로 신비로운 시간이 깨어난다
나의 개안開眼과 더불어 저들이 온종일
퍼렇게 밀려오는 소리를 듣지 못했다
조금씩 식어 가는 것과 어두워지는 것들이
그를 살아나게 했다 내게 소리쳤다
온몸으로 듣는 이 저녁의 전율
이제 빛의 나비들은 추락할 것이다

내 몸의 낡은 집

어떤 이는 낡은 우리 집에 와서 떨어지는
빗소리가 참 듣기 좋다고 하데요
해가 뜨면 반가운 인사처럼 무엇을 할까
자꾸 설레어요
그렇게 줄기 찬 빗줄기를 절벅절벅 밟고
참 축축하게들 살아왔어요
거적문으로 오시는 가난과 궁상이
우리들의 일과였어요
새로 지은 붉은 벽돌집이 동쪽으로 오는
아침 빛살마저 동강 내 버렸지요
난쟁이 걸음마로 하늘바라기를 하는 사람들은
꽃의 안부를 묻는 살가운 빛을 기다려요
해가 뜨면 나는 설레어요
누가 저기서 부르는 것처럼 내 몸의 낡은 집은
골목 한편에 쭈그리고 앉아 바스러진
그림자를 물끄러미 바라보고 있어요
밤마다 걸어오는 우리들의 나무 한 그루가
잃어버린 옛 꿈을 받치고 서서

기쁨의 하늘을 자꾸 흔들어요
세상에 요즘 이런 집도 다 있으니
시인의 집 같다고 별소릴 다 하는군요

그녀는 빗물에 쓰러진 벼를

그녀는 빗물에 쓰러진 벼를 일으켜 세우느라
여념이 없다
나는 논두렁에 우두커니 서서 그것을 바라본다
도시 사람들은 참 편한 밥 먹는다
한평생 뼈 빠지게 일한 그녀가 말했다
논두렁 위의 나는 거기 돋아난
풀잎들의 군락에 대해 살펴보고 있었다
바랭이와 강아지풀이 자욱한 덤불 속엔
쑥이 새파랗게 돋아나고 토끼풀들이 가득하다
이질풀 꽃이 한두 송이 보였지만
논두렁을 한 바퀴 돌아 다시 보니
그 꽃이 어디 숨었는지 보이지 않았다
쑥부쟁이도 두렁 밑 저 아래서 피기 시작했다
그녀는 벼들을 위해 물길을 내어주느라
흙덩이와 함께 벼 포기들을 쑥쑥 뽑았다
힘든 일을 익숙하고 날렵하게 잘도 했다
일은 해야만 힘이 난다는 그녀의 지론에
부실한 나는 자꾸 떠밀리고 있었다

나는 논두렁에 앉아서 쑥 잎을 따 모았다
쑥 즙이 참 몸에 좋다는 생각을 하면서

무섭게 바람이 불고

무섭게 바람이 불고 번개가 쳤다
요란한 천둥소리와 함께 굵은 빗방울이 떨어진다
어디든지 떨어진다 그리고 퍼붓는다 창문이 젖었다
문안에 선 여자와 문밖에서 뛰어가는 여자
문안에 핀 꽃들과 문밖에서 비 맞는 잎사귀들
고요함과 따뜻함의 바깥에서
그들이 젖어서 울고 있다
광포한 것들의 기운에 흔들리며 떨고 있는
그들의 내면에 서서 풍경을 그리고 있는 여자
물이 흐르고 나뭇가지가 뒤틀린다
젖어서 말하는 그들의 내부에
젖지 않은 것들이 흔들린다
문안에 든 여자도 흔들린다
젖어서 무겁게 가라앉는다

5집

세상의 나무

작은 연못에 노란 꽃 한 송이가

작은 연못에 노란 꽃 한 송이가 떠 있습니다
나는 앉아서 꽃 한 송이를 바라보고 있습니다
꽃 한 송이는 조금씩 내가 있는 쪽으로 오려고 합니다
나는 앉아서 물끄러미 꽃 한 송이를 바라봅니다
꽃 한 송이는 내게서 떠난 것인지도 모르겠습니다
나는 꽃 한 송이에게 아무런 마음도 주지 않습니다
꽃 한 송이는 끊임없이 나에게 다가오려 애씁니다
하지만 꽃 한 송이는 늘 제자리에서 맴을 돕니다
작은 연못에는 꽃 한 송이와 나밖에 없습니다
꽃 한 송이는 내가 볼 수 있는 유일한 풍경입니다
그러나 나는 꽃 한 송이에게 다가가지 않습니다
꽃 한 송이의 마음이 자꾸 내게로 오고 있습니다
세상의 온갖 아침이 꽃 한 송이 위에 머물고 있습니다
꽃 한 송이가 내게 닿는 작은 길이
우리 사이에 놓여 있습니다
그러나 꽃 한 송이는 늘 제자리에서 맴을 돕니다
꽃 한 송이와 나의 우주가 온 세상에 가득합니다
작은 연못에 꽃 한 송이가 늘 거기 있었습니다

작은 연못에 나도 늘 거기 앉아 있었습니다
어느 날 꽃 한 송이도 작은 연못도 나도
없는 날이 올 것입니다

저녁상

저녁상은 방바닥에 있다 우리는 늘 들판에 나온 것처럼 식사를 한다 크고 작은 상들은 뒷방에 있다 상을 펼 때는 일 년에 몇 번 제삿날뿐이다 할아버지만 상에서 잡수신다 아버지의 명령대로 방바닥 상에서 식사를 한다 방바닥이 상이 되는 순간 모두 조금씩 엎드려서 식사를 한다

처음에는 아주 불만을 표시했다 히틀러보다도 더한 독재라고, 그런데 쇠사슬에 반항하던 강아지가 이젠 아무렇지도 않게 묶인 것처럼 우리도 태연히 앉아 밥을 먹는다 태초에 상이 있었던가, 아버지가 늦은 저녁이면 저녁상은 거기서 끝없이 기다리고 있다 낡은 집의 방문과 부엌 사이 밥상이 우두커니 가로막고 있는 거긴 들락거리는 통로였거늘

밤이면 침실이 되는 그곳에 전등이 켜지면 뉴스나 연속극의 화면이 뜨고 우린 얌전히 구공탄 아궁이 속으로 들어가 해바라기하듯 빛을 쬔다 문밖에 펼쳐지는 또 다른 세상, 식구들의 우물 속은 날마다 옛 샘물만 퐁퐁 솟았다 아버지를 기다리며 식어서 죽어 버린 저녁상은 그러나 몹시 추운 우리들의 생명이었다

꽃잎들

수천의 꽃잎들이 내 눈앞에서 전율하고 있었다 꽃잎들이 견디기에 바람은 조금 심하게 불었고 가지에 다닥다닥 붙은 꽃송이들은 끝없이 파들파들 떨고 있었다

그 언덕 여학교 운동장 뒤, 고목이 된 나무에 꽃들은 하늘을 덮고 있었고 그저께의 비바람에도 며칠을 견디며 피어 있는 중이었다 그래도 땅 위에 하얗게 떨어져 있는 꽃잎들 한 움큼 손에 쥐어 보면 그것조차도 바람결에 흩어졌다 그건 바로 꽃 비늘이었다

꽃들이 쏟아 내린 꽃 비늘, 그것은 땅 위로 이리저리 쏠리고 모서리마다 몰려 있고 물웅덩이마다 하얗게 깔려 있었다 어제 저녁의 비바람에 그렇게 쏟아져 내렸으리라 하늘은 바삐 구름송이들을 몰고 언뜻언뜻 비치는 높푸른 하늘 아래 꽃들이 자욱하다

나는 철망 너머 언덕 위에 오래 서 있었다 아래의 꽃나무에서 핀 꽃들은 내 앞에 가지를 드리워 꽃 속의 작은 아이들이 추운 얼굴을 하고 끊임없이 전율하고 있었다 골짜기는 꽃들의 천지였다 아무도 없는 그곳에 몰래 내가 찾아왔다

숲

꽃이 핀 것을, 키가 큰 것을, 너는 모르고 있었나 봐
너는 올려다본다 까마득히 흔들리는 푸른 궁전
창문마다 빗물이 흘러 달빛처럼 은은히 반짝거리는
유연한 그들의 집은 지금 축제 중, 너는 모르고 있었나 봐
지금도 한 층 한 층 지어 올라가는 비취빛 계단을
키 작은 너의 꿈을 대신해 구름 속을 향해
바람처럼 헤집고 다니는 빛의 아이들을
그 회랑을 뛰어다니는, 쿵쾅거리는 소리가 들릴 듯한
막 깨물어 먹는 여름 과일같이 향긋한
밤새 달려올 아이들의 달음박질 소리를
피어오르는 뭉게구름 뭉클뭉클 부풀어 오르는
숲속에 요정들이 숨어서 산단다
너의 잠 속에 밤새워 별빛 한 광주리씩 쏟아붓고
새벽이면 모두 숨어 버리는 아이들을
나무마다 꽃들이 하늘을 덮어 버린다는 것을
너는 모르고 있었나 봐, 아침에 일어나면 햇살 속
푸른 궁전들이 떠나가는 합창 소리를
강물이 넘치고 바다가 끓어오르면

세상은 도도한 푸른빛으로 흘러가지
너는 모르고 있었나 봐, 우리가 걸어갈 먼 목표란
우리가 지나온 자박자박 어린 풀빛들의 상처라는 것을
너는 모르고 있었나 봐, 벌써 꽃이 핀 것을

인샬라*

상상하지 못했던 아득한 날들을 걸어갑니다
내가 정말 이 언덕 위에 올라섰던가요
원하지는 않았습니다, 허리 굽은 하얀 노년을
바깥으로만 향했던 풍경을 내 속에 채우십시오
절절히 아픈 회한의 눈물 치밀어 내가 혹시
남의 자리나 남의 끄나풀을 잡고 있지 않은가요
나에게도 향기라는 것이 있어 탐욕스럽게 언제나
스스로를 향해서 뿌려졌을 뿐, 돌아보지 못했습니다
이제 황량한 언덕 위에 삐걱거리는 집 한 채
처음부터 내겐 아무것도 주어지지 않았습니다
그러나 사랑과 고뇌가 회오리바람 치며
비단 폭을 날렸군요
그것을 축복이라 말하며 쓸쓸한 정원의 꽃들을 땁니다
모든 사람들이 아름답고 그들의 집이 아름답고
강물 위 반짝거리는 빛처럼 흘러가는 그들이기에
삶은 애틋하고 뒤돌아보는 옷자락의 감동이었습니다

상상할 수 없었던 아득히 먼 날들이
새롭게 그림자 위에 겹쳐졌습니다 인샬라,

* 인샬라 - '신의 뜻대로' 란 뜻의 아랍어.

꽃길

누가 그 꽃길 터널 속으로 나를 데려가 다오
차마 갈 수 없는 그곳으로 햇빛이 모여들고 있다
누가 화려하고도 빛나는 잔치가 열리는
너무 급히 와서 순식간에 가버리는 눈부신 길로
나를 데려가 다오
나는 가득한 너에 쌓이고 싶다, 나를 잊고 싶다
그대들 조그맣게 소리치며 흘러가고 있는 곳
그곳은 날이 새자마자 꽃들이 하늘을 들어올려
신비로운 세상 하나가 공중에 떠 있다고 하더라
바람이 모든 것들을 허물어 버리고 데려가기 전에
누가 그곳으로 가는 날쌘 마차를 한 대 보내다오
일몰은 쉽게 오고 잔치는 신속히 이루어진다고 한다
면 그곳에 닿기 전에 모든 꿈들이 흩날려 버린다면
저녁 강물 속으로 우리들 생애도 꽃잎처럼 흘러가겠지
누가 그 꽃길 터널 속으로 나를 데려가 다오
숨은 빛들의 개화로 하늘이 환해지는 날
우린 그 아래서 기다림의 미덕인 어둠과
빛의 극점이 도리어 슬픔이 되는 가슴에의 사유를

받아 지녀 보고 싶구나

누가 그 꽃길 터널 속으로 나를 데려가 다오

돌

그는 가장 깊은 시간에 깨어난다
그는 큰 나무 밑으로 가서 앉는다
그리고 그는 잠시 흐르는 시간을 고정시켰다
그는 이제 깊은 우물 속으로 내려간다
거기서 그는 무슨 소리를 기다린다, 소리 없는 소리
그는 가장 가볍게 날려고 한다
수천 마리의 박쥐 떼가 동굴 속에서 쏟아져 나왔다
파르르 떨리는 박쥐의 날개 끝에
어둠이 하나씩 매달려 있다
수천 마리의 박쥐 떼가 하늘을 덮어 버렸다
그는 부딪혀 찢어지고 산산이 부서져 바스러진다
천지간에 보이지 않는 한 톨 먼지로 떠돈다
그는 깊이 가라앉으려고 하였다 닿을 수 없는 곳까지
젖어서 스며들고 가라앉아 질펀히 누우려 하였다
그러나 그는 고정되었다
꽝꽝 못 박혀 옴짝달싹할 수 없는 처지가 되었다
빛도 새어들어 오지 않는 나락에 빠져 버렸다
그는 어쩔 수 없이 돌이 되었다

핏줄도 흐르지 않는 차가운 돌이 되었다
누가 여기 와서 정을 박아라, 그리고 나를 쪼아라
내 속에서 꿈틀거리는 이 무엇을 꺼내다오
스스로 어쩌지 못하는 무능한 돌이 되어
그는 풍화되어 간다

자작나무 숲 1

그날 나는 자작나무 숲을 들어서고 있었다
자작나무는 네 얼굴처럼 희다
자작나무는 네 영혼처럼 그윽하고 깊다
아득한 옛날 자작나무들이 걸어 다니는 숲속에
자작나무처럼 한 그루 몸뚱이를 심고
여기저기 나무들의 웅성거림을 듣는다
자작나무 사이로 오래된 적막한 길이 보이고
나는 멀리 떠나간 너를 기다린다
자작나무는 어둠이 와도 희게 드러난다
너의 영혼처럼 출렁거리는 자작나무의 꿈들은
밤마다 높은 가지를 타고 날아다닌다
자작나무 숲에서 우물처럼 너만 생각한다
나의 그리움이 자작나무 숲에 와 잠들었으므로
아침이 올 때까지 자작나무 속에 나를 심는다
자작나무 사이로 보이는 어둠은 너의 고뇌와도 같다
자작나무 속에서 길을 잃어버리고 너를 찾을 때
수천 그루의 나무들로 일어서는 네 모습
자작나무는 네 얼굴처럼 희다

자작나무는 내 마음처럼 슬프고 깊다
나는 자작나무 숲으로 걸어 들어간다
수천 그루의 자작나무들이
내 영혼의 숲에 서 있다

부겐베리아

어느 날 크리슈나무르티는 정원에 핀 부겐베리아 꽃을 그의 독특한 자연묘사 글 가운데 언급해 놓았었다 훨씬 오래전에 식물원에 가서 크고 좋은 부겐베리아 꽃 덩굴을 본 적이 있다

D 의료원 휴게실에 참 특이한 꽃이 피었다며 S 시인은 나를 그곳으로 이끌었다 커다란 화분에 아담한 덩굴 꽃 부겐베리아는 우리의 눈을 자극했다

그날, 수목원에서 부겐베리아 꽃들은 허물어지듯 자꾸 떨어지고 있었다 나는 손바닥 위에 차곡차곡 꽃잎을 모았다 화사한 빛깔의 지친 낙화, 하룻밤 자고 일어나니 부겐베리아는 모두 종이꽃으로 변해 있었다

책을 읽다 부엌에 갈 때면 페이지 표시로 부겐베리아 꽃 한 송이를 넣어 두고 간다 방에 들어와 편히 누워 책을 펼칠 때마다 나의 크리슈나무르티는, 남국의 그 온실은 진분홍빛 종이꽃으로 흘러내린다

부겐베리아 꽃에서 새끼 거미 한 마리가 기어 나왔다 마른 부겐베리아 꽃잎은 종이에 가깝다 누가 물들인 색종이 세 개를 오려 붙이고 가운데 짙은 꽃술 몇 개 심어 놓았다

숲속을 거닐던 늙은 성자는 벌써 오래전에 죽었는데,

6집

달빛 그릇

모란꽃

방문을 열 때 은은한 모란꽃 향기
오체투지로 카일라스산을 경배하며 돌고 있는
순례자들의 기록을 한 시간쯤 읽었다
그곳에는 수천 미터 숨쉬기 힘든 산이 솟아 있고
그들은 문명의 첨단 위에서 지구의 꼭대기를 찾아갔다
육신을 갖고 있을 동안 깨달음을 얻기 위하여
우리는 아무것도 이루어지지 않는
시대의 끝을 향하여
꺾인 외로움 때문에 조금씩 시드는 모란꽃 잎사귀
마침내 꽃병 속의 오랜 사색이 꽃을 시들게 하고
은은한 향기를 제 안으로 거두어들인다
모란꽃 향기를 마시며 어두운 새벽
지구의 중심에 들어 명상을 했다
그 속으로 조심조심 모란꽃이 들어왔다

12월의 비

12월의 비가 보도블록을 적신다
젖은 보도블록 위에 늦게 떨어지는 별
점점이 박힌 플라타너스 잎사귀 위로
12월의 사람들이 우산을 쓰고 지나간다
그토록 오래 별빛을 먹고 바람을 풀어
저리 날카롭고 단단한 무늬들이 비에 젖어
이제 어디로 갈 것인지 길을 묻고 있다
별을 밟고 지나가는 사람들의 행복한 걸음
우리는 내일로 간다 내일의 삶이 비추는 길을 따라
별을 노래하던 그대 고단한 몸을 땅 위에 누인다
나는 황홀하고 예쁜 무늬를 밟고 집으로 간다
젖은 그대 가슴 위로 향기로운 울림이 지나간다
12월의 빗속에 늦은 별들이 지고 있다
우리도 마침내 저 별들처럼 지리라고
분주한 발걸음의 역사도 흔적 없이 사라지고
행복한 그대 머리 위에 마지막 별들이 떨고 있다

성소聖所

1킬로 남짓한 노송老松의 숲길을 걸으며
이따금 봉헌奉獻이라고 새겨진 석등石燈을 지난다
넓고 큰 석등은 그 옛날 누가 봉헌했을까
한쪽엔 이름이 새겨진 커다란 바위들이 있다
바위 위에 삶을 새겨 놓고 영원을 꿈꾸었을까
활엽수림 짙은 가을이 산뜻한 가벼움을 보여 주고
그 위로 바람이 지나는 소리가 간간이 들린다
꿈이 날개 접은 지 천년, 성소엔 나무들만 자랐다
그들은 한결같이 성소를 들락거렸지만
늙어서 죽어 갔다, 사람들이 이마를 조아리며
얻은 것은 육신의 허망함과 깨달음의 요원遙遠뿐
성소에는 나무들이 순수의식의 나이를 자꾸 쏟아냈다
풀잎의 꿈도 발자국과 더불어 피어나고 사라져 갔다
키 큰 나무들이 쓰러져 간 중생의 소원으로 서 있다
침묵의 저쪽 언덕을 잠시 바라본다
나는 작고 숲은 깊어 한 개의 두레박도 던지지 못한다
절 한 번 하고 돌아서는 가을이 숲길 혼자 걸어가고
성소엔 천년의 침묵이 깔려 골짝골짝 피어난
발원發源의 꽃을 먼 하늘에 띄우고 있다

밥

무심코 밥을 먹다가 떠오른 오관게五觀偈 중에
이 음식은 온 우주와 땅과 하늘과
고귀한 노동이 준 선물이니
내가 그것을 받을 자격이 있는지 살펴보라는 말씀에
밥은 고만 내 앞에서 깊은 사유가 되었다
감사하기도 전에 성급히 떠 넣던
내 숟가락의 부끄러움
이것은 진정 그대를 통하여 내게 온 것이었구나,
자격 없는 나는 밥의 맨 아래층 계단에 서 있다
나를 살렸고 또 나를 살려 나갈 밥은
나를 통해 수많은 해탈의 세월을 빠져나갔다
나는 밥 때문에 무거워졌고
마침내 새가 되지 못했다
나를 무겁게 하고 저 하층 구조 속으로 기두이 비린
형이상학의 밥, 밥이 나를 먹는다

다이아몬드 수트라

다이아몬드 수트라
부처님과 수보리의 대화는 금강석처럼 빛나고 단단했을까
대중 속에서 뜻도 모른 채 따라 읽은 적 있지만
다이아몬드 1캐럿은 0.2그램이라고 금방 주인은 말했다
우리는 겨우 3부나 5부쯤 손가락에 끼워 볼 수 있지만
이 빛나고 단단한 돌은 은은한 진동을 울려
심장을 이롭게 하고 화합을 돋우며
변치 않는 뜻을 지녀 결혼에 알맞은 보석이라고
고대인도 의학경전 〈아유르베다〉는 말했다
보석도 치료용에 쓰인다는 말씀에 내 눈은 반짝했다
감정을 조절한다는 자수정 목걸이를 탐내고
지혈제라는 진주에 혹하고 드디어 멸치 눈만큼 한
금강석을 손바닥 안에 넣었다
그대는 돈의 가치만 지녔는가
다이아몬드 수트라는 내 앞에 펼쳐진다
若以色見我 以音聲求我 是人行邪道 不能見如來*
천칭좌의 별 아래 태어난 그대, 어쩌면 처녀좌에 가깝고

그래서 불안한 천칭처럼 흔들리기만 하는 그대
빛나고 변치 않는 돌 하나가 앞에 펼쳐져 있다

* 금강경의 게송

산과 호수와 바람

물은 산빛을 닮았다
숲은 우기雨氣에 젖어 푸른 물감이 뚝뚝 흘러내렸다
바람이 끊임없이 물결무늬를 밀고
산자락 그늘 쪽으로 몰려간다
나는 소나무 밑 벤치에 앉아 스무 해 전의
낡고 누런 〈지상의 양식〉을 읽는다
“나타나엘이여, 빛이 유황에 연결되어 있듯이
우리들의 행동은 우리들에게 연결되어 있다
그것이 우리를 태워 버리는 것은 사실이지만
그것이 또한 우리들의 광휘光輝를 이루는 것이다”*
그때, 뜨거웠던 열정들이 물결처럼 순화되어
이젠 고요하고 부드러운 노년老年을 더 사랑한다
평온한 모습으로 우리들의 산이 많은 세월을
보내고도 아직 수선修禪 중이다
소용돌이쳤던 밤이 없었으랴
그러나 날은 새고 산빛은 깨어났다
불안하게 서성이던 발자국도 그와 함께 깊어 가리라
산이 물과 손을 잡고 너와 내가 눈빛으로 하나가 된다

바람이 그 위를 가볍게 지나가며
아득한 회상의 비단자락 한 올을 풀어놓고 간다

* 앙드레지드 〈지상의 양식〉 제1편 중에서.

달빛 그릇

늘 비어 있던 그릇에 어느 날 달빛이 그득 채워졌다
앞서가던 이에게도 달빛 한 그릇 건네 드린다
뒤에서 오던 이에게도 달빛 한 그릇 부어 드린다
거듭거듭 비워 낼수록 그득히 채워지는 달빛 그릇
어둡던 내 안이 환해지고 거친 숨결 고요해졌다
어떤 이는 달빛을 흠뻑 받아 마시고 그윽해지고
어떤 이는 달빛을 보지 못해 빈 그릇만 받았다
늘 비어 있던 그곳이 어느 날 빛으로 가득 채워졌다

개화 2

골짜기가 환하다
나무는 보이지 않고 꽃들의 무도회만 절정이다
가지마다 충전된 꽃등이 골짜기를 덮었다
그 아래를 서성거리는 나는 아주 조그맣다
꽃들의 하늘 아래를 걸어서 닿지 않는 꽃까지 간다
삶이 다하고 꽃 아래 묻혀서 잠들어도 좋겠다
돌아서지 못하고 그들의 춤을 자꾸 바라보고 있다
짧은 입맞춤이 조금씩 지나는 바람의 길목에
전 생애를 풀어놓아도 좋을 것 같다
해마다 놀라움과 기쁨을 그대에게 바쳤다
경의의 시간들이 꽃 그림자 위로 스쳐 갔고
한세상의 꿈이 내 안에 피었다

나무 하나가

어느 날 밤, 나무 하나가 걸어오더니 우리 집 앞마당에 멈춰 섰다 나무는 키가 점점 자라 지붕을 넘고 나무 앞에 집은 조그맣게 되었다 조그만 집의 마루 끝에 서서 나는 나무를 올려다 보았다 아득한 나무 우듬지에 달빛 하나가 따라와서 밤새 물을 긷는다

우리가 그 소문에 귀를 기울이며 웃고 이야기하는 동안 바람에 불려 날아가 버린 씨방 하나가 우주의 한 끝을 물고 와 문득 그 실체를 드러내 놓는다 자꾸 넘쳐나는 나무의 그림자 앞에 나는 보잘것없이 작아졌다 그대가 내 의식 속에 점점 자라는 동안 내 귀도 조금씩 열리기 시작했다

어느 날 밤 은밀한 휘파람 소리를 따라가다가 문득 낯선 별에 당도했다 오직 나무와 나의 우주만이 덩그러니 놓인 곳에서 오랜 잠의 순수로 흘러가는 침묵의 한 생애를 들여다보고 있다

7집

아홉 그루의 밤나무

폭우

가지 끝에 어둠이 앉아 있다 어제처럼 천천히 내려온다 진종일 가지를 붙들고 비와 바람이 실랑이를 쳤다 가지 끝에서 확연히 느끼는 어둠이 조용히 그림자를 눕힌다 조금씩 용해된 빛들이 몸을 바꾸고 어두운 길들을 깔아 놓는다

비가 쏟아지고 있다 땅 위의 모든 것들이 상처받고 있다 새들은 어디서 상처를 달래고 있을까 지붕 끝에서 내가 떠내려간다 꽃의 모가지마다 분질러 놓고 상추 싹들이 모두 사라졌다 기상예보는 언제나 뒤늦게 오고 빗물 상을 차려놓고 저녁을 먹는다

사방을 옥죄는 빗소리에 갇혀서 밤새도록 길을 모색한다 몰래 날개 하나씩 꿈꾸고 있다 비가 억수같이 퍼붓고 있다 잠의 그늘 속으로 홍수가 졌다 모든 잠들이 떠내려간다

강물을 건너다

시계 소리는 나를 데리고 밤새도록 물을 건넌다
바람이 창문을 건드릴 때도 움찔했다
사방이 가라앉아 시계소리만 깊숙이 파고든다
시계소리는 유일한 길이다
모든 이의 잠을 헤집고 내가 건너가는 물의 길
삶의 깊은 골짝이다 의식의 맨 아래층 적막이다
이따금 바람에 빗방울도 묻어온다
내가 밤마다 서늘한 강물을 건너는 줄
건넌방에 잠자는 이들은 모를 것이다
그들은 평온하게 잠들어 있고 혼자 나락에 잠겨 있다
때로는 그들보다 더 높이 솟구치기도 한다
의식의 맨 위층에선 구정물 같은 험담과
농담을 풀어놓기도 하지만
혼자 강물을 건널 때 그들은 아무 인연이 없다
끝내 빗방울이다 차갑게 나를 때렸다
강물 속에서 또 젖지 않을 수 없다
저 비를 데리고 서러운 아침이 밀려올까

카일라스, 카일라스

수천의 나한상 거느리고 홀로 빛나는 카일라스
천신만고 끝에 카일라스 발아래 닿고
그대 눈빛 따라 영감의 카일라스 바라보다
세계의 배꼽이며 부처의 나라 수미산
머나먼 인도 대륙까지 흘러들어갈 신들의 강의 발원지
우주의 중심 카일라스 흰 광채 속에 그대 눈이 찔리다
구름 속에 홀연히 솟아오른 카일라스
순례자들의 오체투지로 만년 빙하의 정수리가
햇빛 속에 도도히 눈부시다
해발 6천 7백 미터, 부실한 내 몸 숨도 쉴 수 없어
상상 속에 걸어 들어가는 카일라스, 카일라스
어릴 적 할머니의 비원悲願이 저리로 향하고
꿈속이듯 감히 카일라스 먼빛에 경배하다
수천의 나한상 거느리고 솟아오른
부드럽고 위엄 넘치는 눈의 활불活佛 카일라스
티베트의 성자 〈밀라레빠〉 십만 송이
노래가 되어 천지 사방에서 들려오는 곳
몸의 업장 벗고 가는 해탈의 고개 너머
불멸의 소망이 하늘까지 닿아 있다

꽃잎

바람을 풀어놓으며 분홍빛 하늘을 열고 있다
수천만 번 팽창된 우주는 꽃잎 하나하나마다
까마득한 생성의 비밀을 풀어놓는다
허공에 펼쳐놓은 꽃잎들의 꿈
여린 꽃잎들에게서 오는 설렘과 감동이
가슴속의 꽃잎을 흔들었다
무심한 일상을 헤집고 꽃잎이 웃고 있다
머지않아 발아래 흩어져 내릴 꽃잎
미묘한 시간의 파장을 열고 꽃잎이 핀다
수천만 번 팽창된 우주를 터뜨린다
가녀린 물줄기가 꽃잎을 만들었다
뜨거운 열망들이 꽃잎을 부풀렸다
생애 낱낱의 소망이 새벽을 밀어올리고
꽃대를 밀어올리고 꽃의 심지에 불을 댕겼다
꽃등이 환하게 켜졌다 배를 띄워라
모든 꽃들이 아침의 강을 향해 흘러가는 순간이다

월든 호수를 찾아서

마음속 깊은 곳에 월든 호수가 있다
호숫가 언덕 위에 오두막 한 채를 짓고
흠모하는 한 벗이 오랫동안 살고 있다
이른 아침 햇살을 받으며 물가로 내려간 그는
안개 걷힌 호수 물로 몸을 닦고 숲의 하루를 연다
호두나무 잎사귀 속으로 빗물처럼 스며들고
사향뒤쥐와 함께 물살을 가르며 헤엄쳐 간다
여우 발자국, 부엉이 소리, 달빛 걸어오는 밤
계절이 지나는 소리에도 경탄을 보내며
150년째 조용히 살아가고 있다
조만간 나는 월든 호수를 방문할 것이다
바람처럼 호수 위를 가로지르며 그를 찾을 것이다
숲의 치마폭 속으로 슬몃슬몃 몸을 바꾸기도 하는
조금 외롭지만 자연의 또 다른 이름이기도 한 그는
150년을 지나 멀리 동쪽에서 찾아온 벗을
기꺼이 반겨 젖은 손을 내밀 것이다
시공을 훌쩍 넘어 우리는 만날 것이다
지난밤 여기서 물고기와 천상의 별자리를

동시에 낚아 올린 그의 보트가 한가로이 매여져 있다
호수 물빛이 시리도록 푸르고 잔잔하여
투명한 그림자로 숨어 부드러운 숨을 내쉬는
그를 찾아 조만간 월든 호수로 갈 것이다

은하가 은하를 관통할 때*

은하가 은하를 관통할 때 푸른 파문이 일어난다
지구에서 4억 5천만 광년에 있는 한 쌍의 은하
허블천체망원경이 촬영했다
매끈한 타원형 은하가 푸른 원형 은하를 관통할 때
연못에 조약돌 던지듯 둥근 파문이 일어나며
푸른 원형 은하는 부서진 것처럼 흐트러졌다
은하가 은하를 관통할 때
우주 저쪽 검은 하늘에 별들이 반짝이고 있었다
미 항공우주국이 공개한 은하 사진 한 장
금싸라기 같은 별빛을 신기하게 바라본다
은하가 은하를 관통할 때 너는 어디 있었느냐,
눈부신 광채 쏟아지는 푸른 파문이 네 눈에 인다
상상 속의 그곳엔 벌판이 있고 풀들이 자란다
아무도 모르게 한 채의 집을 짓고
방마다 고요를 키워 때가 이르러 문이 열리면
의식의 불꽃 타오른다
은하가 은하를 관통할 때

푸른 파문 일고 몇 억 광년 너머 기다리는
너는 어디에,

* J일보 기사 머리글

아홉 그루의 밤나무

아홉 그루의 밤나무가 서 있는 밭에서
잠시 즐거운 상상으로 꿈을 꾸었네
햇빛 많은 여기 반반한 곳에 토방 하나를 지어
두 개의 창문을 내겠네
언덕 위의 바람이 밤나무 잎을 건드리고
가을이면 벗들을 불러 밤을 주우려 오라 하겠네
창가에는 의자 두 개를 놓아두겠네
벗이 있으면 함께 앉아 이야기하고
벗이 없으면 바람 소리에 귀 기울이겠네
거기서 보이는 고요한 산 밑 풍경도 나의 것
벼들이 자라는 다랑논 사이를 산책하겠네
풀들이 가득한 길을 오래전 알고 있었지
아홉 그루의 밤나무가 서 있는 그곳
밤꽃이 시들고 밤이 익을 때면
밤나무의 주인은 내가 될 것이라고
즐거운 상상으로 나무들을 헤아려 보았지
양지쪽 풀밭에 눈으로 그려 넣었던 집 한 채
사라져 버린 조그만 내실과 서재

사색으로 채워 넣겠다던 창변 풍경들
꿈이 열리다 만 언덕 위의 밭이 있었네

비를 부르는 의자

나는 빈 의자이다
그가 앉았다 떠난 이후로 아무도 와서 앉지 않는
새도록 창문을 바라보며 기다리는 의자이다
나는 나의 의자의 손님을 다 기억하고 있다
누구든 함부로 와서 앉지 않는 나의 의자는
별빛을 머리에 이고 싱그러운 풀냄새를 묻혀 오는
명랑한 음악을 간직한 이가
전혀 뜻밖의 얼굴을 하고 문득 지나가다
내 의자를 보았던 이들이다
나는 손님이 내 등에 머무르는 동안 행복했고
또 다른 꿈을 꾸며 오래 머물길 바랐지만
시간과 더불어 별빛을 머리에 이고 떠나 버렸다
그 후 오래
나는 바람을 기다리는 의자이다
나는 스스로 비를 부르는 의자이다
나는 햇빛을 늘 그리워하는 의자이다
나는 적막한 밤에 노래 부르는 의자이다
나는 아직도 풀빛 눈동자를 꿈꾸는 의자이다

등 뒤에 천천히 걸어오는 저녁을 느끼며
더 많은 노래를 품고 싶은 의자이다
나는 어둠에 놓인 의자이다
너의 보이지 않는 의자이다

북국을 꿈꾼다

몸은 가장 낮은 곳의 나라에 길게 누워 있다
바람은 먼 데 이야기를 품고 지붕 위로 넘어온다
먼 고장의 눈발과 설원 속의 눈꽃이 일렁거린다
겨울은 자꾸 내부로 파고들어 낮은 움집 속으로
자벌레처럼 오그라들고 상상의 거센 바람은
몸의 허술한 집을 흔든다
무섭도록 작아지는 내 몸의 거울이
한세상 화려했던 색색의 꽃들을 비춰 보고
얼음장 밑으로 물고기처럼 고요의 숨을 쉰다
밤마다 낮은 곳의 나라에 누워 산을 더듬어 보고
강물과 골짜기와 평원의 꿈들을 밟아 본다
하나의 방이 어둠과 빛으로 꾸며지고 있다
별들이 거센 바람과 함께 지붕 위로 넘쳐 오면
침엽수림 아득한 평원 속으로 한 열흘쯤
기차를 타고 달리는 북국을 꿈꾼다
바람 속에 묻어오는 대륙의 기운이 낮게 스며들어
마침내 여기에도 술렁이는 나뭇가지와
풀들이 지천으로 돋아날 때가 올 것이다

침묵으로 문 닫은 집의 내부를 들여다본다
그늘 속으로 걸어가 잠자는 숲을 들여다본다
눈 내리는 집의 내부가 활활 불타고 있다

8집

가문비나무 숲속으로 걸어갔을까

목련나무 꽃봉오리들

목련나무 꽃봉오리들이 무수한 가운데로 그림처럼 직박구리 한 마리 앉아 있다 작년에도 재작년에도 하얀 충만의 시간이 지나간 자리에 직박구리 꺼멓게 앉아 잔가지 따라 조금씩 흔들리고 있다 해 질 무렵 담벼락 이쪽에 서서 언제까지 새가 그렇게 있나, 한번 지켜본다 이윽고 단 한 번 쪼르릉, 소리 지르고는 쏜살같이 먼 데로 날아가 버린다 목련나무 무수한 꽃봉오리들만 겨울 하늘에 떠 있다

빈 깡통 하나가

빈 깡통 하나가 밤새도록 비를 맞고 어딘가 부딪치며 소리를 내고 있다 모든 집들은 다 돌아앉아 문을 잠그고 침묵 중이다 빈 깡통 하나가 밤새도록 두들겨 맞는 소리를 모든 집들은 귀를 막고 눈을 감고 모른 체하고 있다 빈 깡통 소리만 가득한 어둠이 끝없이 흘러가고 있다 저 소리, 누가 누구를 향해 가고 있는 것인지, 젖은 자들의 부르짖음이 냉랭한 습기로 스며드는 밤

빈 깡통 하나가 모든 아픔을 대신하여 울고 있다 창밖에 버려진 자들의 항변 같기도 한, 목숨의 다급한 재촉 같기도 한, 모든 집들은 어둠 하나씩 삼키고 잠이 들었다 빈 깡통 하나의 울림만 가득한 허공은 깨어날 기미가 없다 빈 깡통 하나를 위해 아득한 강물이 흘러가고 잠들지 못하는 사람도 함께 흘러가고 있다

지구별 여행자*

큰뒷부리도요새 한 마리를 바라보고 있다 알래스카에서 태어나 태평양을 건너 뉴질랜드와 호주로 1만 킬로미터를 날아가는, 큰뒷부리도요새가 낙동강 하구 말뚝에 앉아 있다

300그램짜리 까만 눈의 갈색무늬 작은 새, 긴 부리로 무엇을 먹고 에너지를 채워 아득한 불가사의를 향해 날아갈까

노란색 장화를 신고 있는 노랑발도요가, 부리와 다리가 붉은 검은머리물떼새들이, 알래스카와 시베리아에서 동남아시아로 날아가는, 검은가슴물떼새도 하구에서 쉬고 있다

지구의 어느 한 곳에 날지 못하는 무거운 몸이, 하강을 모르는 천상天上 위의 조그만 날갯짓을 한없는 자괴감으로 바라보고 있다

내 가슴속 출렁이는 태평양 바다를 건너 깊숙한 심장의 뜨거운 두근거림까지 날아가는 저 불사조들에게 눈물 한 방울 바친다 위대한 지구별 여행자들에게 놀라움과 경의敬意를 보낸다

* B일보에서 인용

새벽에 책을 읽을 때

새벽에 책을 읽을 때 머리맡이 눈부시게 밝아진다 기다려 온 어둠이 검은 꽃의 입자들을 다 터뜨려 책 속의 행간, 미로 사이로 퍼져 나갔기 때문이다 책을 펼치면 저쪽 세상, 잠자던 어제가 모두 일어선다 새도록 헤매고 다녀도 만나지 못했던 세상이다

나는 희미한 취침등불 아래 그림자를 깔아 두고 내 몸을 버리고 어디론가 돌아다녔다 눈을 뜨면 다시 무거운 육체로 돌아와 나를 깨운다 새벽의 글자들은 정말 내가 어제 몰랐던 것들이다 아침의 정적이 새로운 우주 하나를 탄생시킨다 소리로 울리지 못한 말씀들이 얼마나 높은 계단으로 올라갔는지 알지 못한다

돌이켜 아득한 골짜기에 선다 새벽은 말없이 차가운 이마를 드러내 놓는다 새벽에 책을 읽으면 활자 하나하나가 나의 인생이 된다 그새 몰랐던 것들이 도도한 강물로 일어선다 새벽에 책을 읽으면 내가 하나의 문체文體로 꽉 찬다 눈부시게,

내 영혼의 메마른 석류 하나

빨간 석류 하나가 쪼그라들어 가는 것을 본다 영혼의 새빨간 피가 한 방울씩 말라 가는 것을 본다 눈부신 신맛은 긴 시간 공중에서 만들어졌다 햇살이 소곤소곤 지나갔고 별빛은 영혼의 섬유를 짰다 바람은 날마다 작은 몸을 흔들며 은은한 종을 울렸다 빨간 석류는 누구랑 긴 밤을 걸어왔을까 이제 천천히 말라 가는 시간 앞에 서 있다

빨간 석류는 책상 위에, 쌓인 책들 위에 눈부신 신맛을 간직한 채 서서히 몸을 말리고 있다 내 영혼의 어둡던 적막의 골짜기를 말리고 있다 내일이 없는 것처럼 오늘 한 개의 정물화가 나를 비춘다

밀봉된 이야기를 풀어놓을 능력이 없는 내가 몇 날, 며칠 새빨간 석류를 바라만 보고 있다 저들의 긍지를 나의 것이라 믿었다가 시간과 더불어 점점 가라앉는 말씀들을 지켜보고 있다 새빨간 석류는 내 곁에 왔다가 천천히 나를 떠나가고 있는 중이다

가문비나무 숲속으로 걸어갔을까

가끔 그대가 생각나면 그대가 내 생의 어느 모서리 바람벽을 지나가며 슬쩍 옷깃 한번 보여 주고 갔는지 아득한 꿈처럼 희미해진다 그대는 언제 은하수 물살을 헤쳐 와 하얀 종이배 하나를 띄워 놓고 내가 잠든 사이 저 먼 북극의 가문비나무 숲속으로 걸어갔을까, 그대를 만나지 못했던 긴 시간을 나는 잘 모르고 그대의 전생이 내게 심어 준 눈물 따라 나는 새롭게 태어나서 그대를 그리워하는 한 마리 새가 된다

벌써 사랑은 나를 지나서 저 먼 가문비나무 숲속에 잠들어 있을까, 다시는 그대를 만나지 못하고 나약한 내 뼈가 으스러지면 우리의 연민은 여기서 끝나는 것일까, 나는 하얀 성곽 속에 그대가 숨어 있을 것이라 믿고 차를 타고 그 길목을 돌아서 간다 필시 그대도 저녁마다 구슬을 꿰어 이루어지지 않는 사랑의 깊이를 한 줄 한 줄 다듬고 있을 것이라고, 그대가 무심히 내 별자리를 밟고 지나가 버리면 나는 그곳에 비를 뿌리고 풀꽃들을 키운다

가끔 그대가 생각나면, 그대는 나를 생각하지 않고 나를 잊어버리고 나를 알지 못하고 한 방울 물이 되어 먼 바다 쪽으로 흘러간다 이슥토록 저문 골짜기를 헤매는 나는 그대가 다녀간 적막한 강기슭에 홀로 꽃피는 목숨이다

당신의 시집을 베고

당신의 시집을 베고 잠이 드는 날이 많아졌습니다
입추 지나자 기다렸다는 듯 귀뚜라미가 울어댑니다
베고니아 화분에서 빨간 꽃잎이 자꾸 떨어졌습니다
멀리 걷고 싶은 마음이 혼자 산모롱이를 돌아갑니다
이즘 창가에 햇빛이 참 많아졌습니다
당신의 시집에 한 여자와 한 남자가
한 여자와 한 남자의 실루엣 긴 그림자가
고독한 걷기를 시작한 것 같습니다
시집을 펼치면 더 먼 길들이 열리고
자욱한 숲에서 숲으로 이어진 길들이 보이고
내가 새도록 걸어도 닿지 못하는 풍경들이
아득하게 펼쳐지고 나뭇잎들이 떨어지고 호수에
물이랑이 일렁이고 늙은 오리들이 날아와 내려앉고
저문 하늘에 개밥바라기별이 반짝거리고
뭇 별들의 깜박거림이 은 싸라기를 뿌리고
당신의 시집을 베고 잠드는 날은 내가 고요한
축복 속으로 걸어 들어가는 것 같습니다
그곳에 당신은 없고 당신의 노래만 물결칩니다

비의 몽상

늦은 밤이 비를 품고 있다 제주도를 적시고 남해안을 적시고 남부지방을 다 적신 뒤 내 사는 곳까지 밀려와 찻길을 적시고 골목을 적시고 지붕을 적시고 안방까지 적신다 비는 기억을 지우고 노래를 지우고 마음까지 지워 버린다 텅 비어 버린 나는 수없이 내리꽂힌다, 부서진다, 섞이고 출렁거리고 흘러내린다

늦은 밤이 습기 찬 몽상들을 몰고 온다 살을 파고든다 벌레처럼 갉아 먹힌다 만신창이가 된다 나는 졸아드는 한 개의 빗방울로 소멸된다 비는 오늘 밤 바다를 데려왔다 두렵고 낯선 손님을 데려왔다 생쥐처럼 새도록 처마 밑에 떨며 내 꿈은 익사하기 직전이다

늦은 밤, 형광불빛 앞에 내리는 비는 길고 먼 세월을 풀어놓는다 아직도 내가 그대를 품고 있다고, 때로는 빗소리에도 서투른 삶이 흠뻑 젖어 휘청거렸다 거부할 수 없는 숙명들이 수억의 물방울로 내 몸을 넘나든다 비는 세상을 품고 있나 온 세상이 물속에 잠겼다

천 개의 바람을 등에 업고 일만 송이 꽃들이 길을 열고 있다*

1

우리는 일만 송이 꽃들 속으로 걸어 들어갔다 흐르지 않는 시간이 천 개의 바람을 안고 잠자고 있었다 우리는 비밀의 향낭香囊을 펼쳐 보았고 천년의 바람을 훔쳐 내었다 지상의 꽃들을 비추고 꽃의 거울 속에는 일만 개의 방울 소리가 숨어 있었다

일만 송이 꽃들이 길을 나섰다 저문 늪을 지나 비단 치맛자락 끌며 곡옥曲玉 귀걸이들이 오랜 잠을 털며 일어서고 있었다 저 산 위에도 발밑에도 수레 소리 요란한 고대사의 그늘이 기지개를 켜고 있는 중이었다

천년의 바람이 꽃잎을 흩뜨리고 일만의 방울 소리를 울리며 꽃들 가운데로 걸어 들어갔다 천년 뒤 떠오르는 뜨거운 길 하나가 꿈의 빛을 열고 꽃길 속으로 걸어가는 낯익은 얼굴들이 일만 송이 꽃의 거울 속에 도화桃花빛으로 화끈거렸다

2

바람 속으로 몸을 푸는 천년의 여자들
바람의 길을 따라 어디든 귀밑머리 흘리고
바람 속으로 사라져 버릴 향기로운 살빛들
향낭 하나씩 간직한 그녀들이 풀어 논 바람 위로
뽀얀 살빛 밟으며 하늘 길을 걸어간다
바람의 거울 속으로 얼굴 비춰 보며 출렁이는 여자들
일만 개의 꿈의 향낭을 흔들며 눈짓하는
일만 송이 여자들의 겨드랑이 사이로
흠뻑 젖어 들어간다
일만 송이 꿈의 살빛 따라 구름 위를 밟고 간다

* 경주 연꽃단지를 다녀와서

최근 작

금빛 연꽃 산 아래

내 속에 허물어진 집 한 채가 있다*

집 밖에 나와서 집을 바라본다
언제나 집 안에서 걸어 나와 집으로 돌아갈 때
바라보던 곳은 더 먼 집들이었다
집 밖에 나와서 또 다른 집으로 들어가는 지금
집 밖을 서성거리며 집을 바라본다
황폐한 마당의 주인은 누구일까,
허물어진 벽을 간신히 지탱하고 서 있는
낡은 세간들의 주인은 누구일까,
바깥에 나갔다가 다 돌아와서 돌연
남의 집으로 들어가 버리는 사람은 누구일까,
흉물처럼 서 있는 집을 부끄러워하는 자는
그 누구일까,
30년간 다독이고 재우고 비바람 막아 주던
집이 빈 껍질인 채로 울먹이고 있다
집 밖에서 집을 바라보는 자의 또 다른 울먹임
내 속에 허물어진 집 한 채가 서 있다
이 방 저 방 건너다닐 때는 몰랐던

더운 살갗들이 눈물을 흘리고 있다
다시는 평안할 수 없는 아랫목이 흐느끼고 있다

* 옆집에 세 들어 살며 재개발을 기다리는 낡은 우리 집을 바라보며-

바람이 태어나는 곳

바람이 보인다 갈대가 흔들리면서 바람과 놀고 있다 하늘에서 자꾸 바람이 태어나고 바람은 먼 길을 가면서 갈대도 데리고 간다 구름도 데리고 간다 우리도 데리고 간다 저문 마음에 바람이 불어오고 있다 내가 너와 마주했을 때 나는 바람의 노래를 읽을 수 없었다 네가 멀리 떠나고 그들도 떠나고 하늘과, 구름과, 갈대만이 흔들릴 때 비로소 순간의 어여쁨이 자꾸 흘러간다는 것을 알게 되었다

나는 바람을 보고 바람 속으로 걸어간다 바람은 우리에게 많은 것을 선물했다 그러나 우리는 그 꽃잎들을 흩뿌렸다 꽃잎들이 강물 위로 모두 흘러간 뒤에 그것이 꽃잎이었던 것을 알게 됐다 그때는 몰랐던 모든 것들, 거기에 네 푸른 숨결도 있었으리라 오늘 바람이 태어난 곳을 문득 스치며 바람의 투명한 날갯짓을 상상해 본다

다시 돌아왔다 저 바람의 들녘으로, 폭풍우 다 지나고 맑게 씻긴 언덕 위로 작은 꽃들이 숨차게 돋아나고 있다 문득 바람이 내 손을 잡는다 나는 그의 손에 이끌려 어디로든 갈 것 같다 바람이 태어나는 곳으로, 바람이 잠자는 곳으로, 귀를 기울이면 바람의 허밍코러스가 나를 일으키고 있다 너는 왜 여태

그곳에서 성거리느냐, 고 바람의 품안으로 돌아오라고 손짓한

다오오, 내 속에서 잠자던 수많은 바람 떼가 다시 일어나고 있다

대왕참나무 그늘 밑

대왕참나무 그늘 밑 벤치에 앉아서
프란시스 잠의 시집을 읽는다
이 나무 밑 그늘에 오기 위해 불볕더위 속
찻길을 한 구역쯤 걸어왔다
차들이 쉴 새 없이 지나는 재빠른 길을 벗어나
나무들이 설렁대는 공원 속으로 들어서니
갑자기 시간이 멈춘 것 같다
여기저기서 매미들이 울고 있고
오늘은 활짝 핀 해바라기 꽃들을 보러 왔다
일생을 전원에서 살며 자연 풍경을
시로 남겼던 프란시스 잠,
오래전 문고판 시집에서 읽은
낡은 장롱 속 대고모들의 웃음소리가
들린다고 했던 어떤 구절이 떠오른다
시집을 읽다 고요한 벤치에서 일어나
해바라기를 찾아 나무 그늘 사이로 걸어갔다
해바라기는 뜨거운 햇빛에 질려 시들해져 있었다
그 사이로 잘 여문 해바라기 씨를 까먹으려고

참새들이 한 무리 들락거렸다
쉬고 싶은 정자에는 어떤 남자가 누워 있고
플라타너스 그늘에는 더위를 피해 나온 사람들이
소란스러웠다

우물터

청동으로 만든 여인이 물을 긷고 있다
우물가에는 아이가 물을 받아먹기 위해 서 있다
둥근 벽돌 우물은 멋진 기와지붕 아래 있고
둥그렇게 나무 뚜껑도 덮여 있다
그 옛날 이곳에 우물이 있었고
근처에 사는 많은 사람들이 이 물을 길어서
밥해 먹고 살았다고 팻말은 서 있다
우물은 말라 버렸고 사람들은 흩어져 가고
우물이 있던 마을은 공원이 되었다
근처에는 팽나무가 노란 잎을 날리며 서 있고
구실잣밤나무도, 소나무도 있다
우물이 잘 보이는 양지쪽 나무 벤치에 앉아
나는 햇빛요법을 하고 있다
너른 공원에는 햇살이 쏟아지고
오랜 시간 물 긷는 청동의 여인을 만났다
어쩌면 그녀는 옛날 여기서 물을 긷던
여자였는지도 모른다
그녀가 물을 길어 아이와 함께 집으로 가고

그리고 아이는 어른이 되어 떠나가고
그녀는 늙어서 어둠 속으로 걸어 들어갔는지도 모른다
먼 뒷날, 누군가의 기부로 우물은 재현되고
그녀는 청동의 모습으로 우물가로 돌아왔다
수많은 사람들이 들락거리며 생명수를 퍼 올리고
나누어 마셨던 우물터를 지키며 여인은
그 옛날의 사람들을 하나하나 떠올리고 있을 것이다

우리들의 겨울

창문이 덜컹덜컹 많이 흔들리고 있으면
겨울이 더 깊이 추워졌다는 것이다
나는 창문과 나 사이를 담요로 막아 버리고
좀 더 컴컴한 겨울을 원했다
어둠 속에서 더듬더듬 하루를 준비한다
흡사 피난민의 방처럼 일상의 도구들이
여기저기 사방 벽을 꽉 메우고 있는 방은
조그만 한 척의 배처럼 나를 싣고
겨울 강을 건너간다
돛대도 삐걱대는 노도 없지만
덜컹대는 창문 소리에 겨울이 얼마큼
수심 깊은 곳을 지나가는지 상상하게 해 준다
노숙인 들을 생각하면 이것도 감사한 일이라고
그래도 꿈꾸는 저 환한 햇살 가득한 창
한쪽 벽을 가득 채운 내 일생의 책들과
음악, 몇 개의 화분, 나는
꿀벌처럼 붕붕거리며 행복한 비행을 꿈꾸겠지
자다가 일어나면 어린애처럼 무섭고

캄캄한 어둠 속에서 나의 돛대를 찾아 더듬거리고
두꺼운 이불 밑 낮은 온기 속으로 스며든다
창문이 덜컹덜컹 자꾸 흔들리고 있으면
우리들의 겨울은 어디를 향해하고 있는지
가만히 누워 가늠해 본다

재개발

높다란 강철 담벼락 안으로 끊임없이
덤프트럭들이 들락거리고 있다
황량한 흙구덩이가 되어 버린 이전의 그 동네
재개발이란 이름 아래 집과 골목들이 다 부서져 가고
인부들과 덤프트럭과 파헤쳐진 흙더미만 가득하다
나는 그 앞을 지나갈 때 새가 울던
목련나무 그늘을 생각하며
모과가 예쁘게 달려 있던 담벼락도 그려 보고
겨울이면 피라칸사스 빨간 열매가
정원을 가득 덮었던 집을 생각한다
천천히 뒷길로 걸어가면 무연탄 배달차도 서 있고
사철나무가 싱그럽던 길목도 떠올린다
소로 길을 지나서 뒷산으로 올라가도 좋고
초등학교 운동장에 걷기운동 하러 가던 길도 있다
거대한 콘크리트 집들을 세우기 위해
명품 건설사의 이름을 영문 표기로
그려 넣은 강철 담벼락은
소형 아파트 하나 분양받을 여유도 없는

소시민의 초라한 삶을 비웃는 듯하다
세상은 무섭게 변해 가고 뱁새 가랑이는 따라갈 수가 없다
햇살은 환하지만 먼 고장의 눈바람은 춥고
잠시의 외출에도 가벼운 몸 둥둥 떠밀려 간다
마음의 허술한 집 한 채 떠밀려 간다

그 동네

그 동네는 비어 있을 것이다
을씨년스럽게 가을비 내리는 산언덕 위에 앉아서
두고 온 그 동네, 그 골목, 그 집, 그 방들
사라져야 할 낡은 골목들이,
혹은 아직도 제법 괜찮은 건물, 건물들이
왜 사람들이 뭉텅뭉텅 떠나고 홀로 남게 됐는지
그 동네는 갑자기 당혹감에 빠져들 것이다
누군가 이렇게 수군거릴 것이다
머지않아 포클레인이 들이닥쳐 오래 정든 옛집과
나무들과 장독대와 마루와 안방까지
때리고 부수고 쳐서 넘어뜨려 흙을 뒤집고
이전의 묵은 것들을 모두 휩쓸어 갈 것이다, 라고
황금의 가치가 쑥쑥 올라가는 높고 반듯한
성곽들을 짓기 위해
땅은 잠시 살을 도려내는 아픔에 잠길 것이다
사라져 갈 옛 것들이 침묵에 빠져 있는 그 동네를
어느 날 잠시 들여다보았다
내 사랑하던 나무에 빨간 열매가 맺혀

담벼락 위에 흔들리고 있는데
아무도 그 열매를 따는 이가 없다
그 열매가 마지막이라는 것을 나무가 안다면,
나는 비어 있는 적막에 몸서리치며
서둘러 그 골목을 빠져나왔다
사람들만이 평화를 만들던 낯익은 그 동네
여기저기 동네들은 파헤쳐지고 짓뭉겨
새것들을 지어 올리기에 분주하고 바쁘다
그 동네는 낯선 동네가 되고 가치들은 쑥쑥 올라가고
가난한 자들의 발길은 거부할 것이다

금빛 연꽃 산 아래

금빛 연꽃 산을 오르기 위해 나는
가방 안에 자잘한 생필품들을 짊어지고
한 발 한 발 업業의 발자국을 찍는다
오늘 가져오는 우리들의 양식은
한 사흘이면 먹고 마시고 바닥 날 테지
다시 빈 가방을 매고 하산 길에 나서면
정말 등산화 신고 수통을 맨 등산객들이
아랫마을에서 천천히 걸어 올라온다
연꽃 목울대를 밟고 꽃잎 안으로 걸어 들어가
받아오는 이슬 한 모금 얻어 마실 수 없는
산그늘 아래 누워 잠자지만
바람이 지나가고 숲의 물결들이 출렁거려
햇빛 밝은 날 창문 열고 그 향기 들이마시는
금빛 연꽃 산 아래의 나날은 외롭고 그윽하다
내려다보는 도시의 반짝거리는 불빛
이마를 들이대고 어두워 가는 산그늘
금빛 연꽃 산 아래서 생애의 긴 밤을 걸어온
모든 숙명들과 마주한다

산이 품을 열어 주는 가난한 이들의 마을로
아무것도 가진 것 없이 올라온 언덕배기
금빛 연꽃 산이 초라한 그림자 뒤에 서 있었다

성채星彩를 향하여

성채星彩를 향하여—
나는 당신의 시집 위에 이 글을 썼습니다
말의 성채를 향하여 당신이 글을 썼고
나는 두 번, 세 번 그 책을 읽은 뒤에
잠잘 곳 없이 거리를 떠도는
외롭고 가난한 말들이
공복의 슬픔을 희망으로 옮기는
낮게 떠도는 가느다란 기쁨을 보았습니다
이전엔 감히 성채라는 말을 몰랐습니다
빛나는 별빛 광채가 그 속에 숨어 있을 줄은
저 빛의 상像이 되돌아와 나를 비출 줄은
차마 모르고 생애의 긴 밤을 걸어왔습니다
밤하늘의 먼 별빛만 생각하면서
여기 뜻밖에 돋아나는 빛의 광채가 숨어 있을 줄은
그 말조차 있는 줄 모르고 지냈습니다
당신이 내게 비춰 주신 성채는
당신의 일생이 내게 보낸 작은 기도인 것 같습니다
별빛 광채가 여기에 있는 것도 알게 됐습니다

당신은 숨어서 그것을 보내 주고 있는 것 같습니다
축복 속에 잠기듯이 성채를 향해 걸어가겠습니다

그날은

그날은 날도 흐리고 비가 오고 있었는데
굴참나무 위에서도 까마귀가 울고
푸조나무 위에서도 까마귀가 울고
삼나무나 편백나무들이 가득한 숲속이었는데
간간이 가시나무도 있고 물오리나무도 있고
자욱한 숲속 길을 우산 쓰고 걷고 있었는데
오랜 가뭄 끝이라 가끔씩 비가 뿌리는 것도
나무들에게는 더없이 반가운 일이 되겠는데
그날따라 까마귀들만 여지저기 울어 쌓다가
저들끼리 땅 위로 내려오기도 하고
날아올라 나뭇가지에 앉아서도 울고
신기하기도 해 발걸음이 자꾸 멈춰지는데
내가 이 숲속을 얼마나 사랑하는지
나무들은 다 알고 있다는 듯 코끼리 같이 거대한
뿌리를 드러내 놓고 머리 위 저 높은 곳에서
칠월 이파리들을 흔들고 있었는데
그날은 나도 숲속의 한 그루 나무가 되어
한 백 년쯤 잠자코 서 있고 싶었는데

해설

꽃으로 가는 길

-김선희의 시 세계

구모룡 | 문학평론가, 한국해양대 교수

시 쓰기의 발전은 그 어떤 궁극의 관심을 좇는 데서 찾아진다. 단순한 자기표현을 반복하거나 신기新奇만을 추구하는 데서 시적 수준의 향상을 기대하긴 어렵다. 말할 것도 없이 시작의 출발점은 자기이다. 세계와 부딪혀 자기의 소리를 내는 데서 시는 시작된다. 하지만 시작의 과정은 자기에 속한 감정을 발산하는 데 그치지 않는다. 이러한 과정에서 자기만의 성채에서 나와 사물과 세계를 이해하고 존재의 궁극을 발견하게 된다. 일찍이 김선희 시인은 첫 시집 「고호의 해바라기」(1991년)에서 한 편의 메타시를 통하여 자신의 시관을 피력하였는데, 시작의 성실한 과정을 예고하고 있는 것으로 다시 읽히는 바 없지 않다.

첫 시집에서 발단된 '시의 뿌리'에 대한 해명을 다섯째 시집의 「오백 년의 느티나무」에서 다시 찾을 수 있을 것 같다. 이 시에 이르러 보이는 것과 보이지 않는 것의 대립은 역설의 담론이 아니라 시선과 안목의 문제가 된다.

씨앗 하나를 손바닥 위에 올려놓고
오백 년 동안 꿈을 꿉니다
가늠되지 않은 꿈의 나날들이
수도 없이 많은 해와 달을 품었습니다
그의 가슴은 맑고 서늘해
온갖 소리를 받아들입니다
오백 년 동안 고인 침묵이
풍화된 꽃들의 화석이
하늘을 받들어
거대한 탑을 이루고 서 있지만
그 밑을 지나는 무수한 사람들
아무도 그것을 보지 못했습니다

이처럼 시의 뿌리 혹은 존재의 심연은 그것의 있음/없음에서 그것을 보는 이/보지 못하는 이의 대립으로 바뀐다. 이는 한편으로 시를 초월적 궁극에 두던 초기의 관점에서 탈피한 것을 의미하고 다른 한편으로 시적 주체의 성숙한 안목을 반영한다. 시인은 이제 저만큼 거리를 만드는 시의 꽃을 찬탄하거나 절망하기보다 시의 꽃과 더불어 사는 자기에 자부를 느낀다. 그러나 이러한 자부가 아무런 매개 없이 보이는 과장이라면 이는 시적 진실과 거리가 있을 것이다. 하지만 자기 해부가 전제된다면 이는 의미 있는 시적 발전으로 평가된다.

김선희의 시는 먼저 상처와 어둠의 삶에 구속되지 않으려는 자기에 대한 성찰에서 비롯한다. 그녀는 자기를 타자화하지 않고서 타자에 이르러 그와 교류하는 방법이 없음을 안다. 진정한 자아에 이르는 자성의 과정을 겪으면서 그녀는 자기에서 비롯한 생명의 본성으로 타인과 사물을 향한다. 다섯째 시집에 이르기까지 그녀는 그녀의 시적 뿌리를 직시하면서 '시의 꽃'에 이르는 길을 쉼 없이 모색하고 있다.

1) 나는 철망 너머 구릉 위에 오래 서 있었다 아래의 꽃나무에서 핀 꽃들은 내 앞에 가지를 드리워 꽃 속의 작은 아이들이 추운 얼굴을 하고 끊임없이 전율하고 있었다 골짜기는 꽃들의 천지였다 아무도 없는 그곳에 몰래 내가 찾아왔다

—「꽃잎들」에서

2) 작은 연못에는 꽃 한 송이와 나밖에 없습니다
꽃 한 송이는 내가 바라볼 수 있는 유일한 풍경입니다
그러나 나는 꽃 한 송이에게 다가가지 않습니다
꽃 한 송이의 마음이 자꾸 내게로 오고 있습니다
세상의 온갖 아침들이 꽃 한 송이 위에 머물고 있습니다
꽃 한 송이가 내게 닿는 작은 길이 우리 사이에 놓여 있습니다
그러나 꽃 한 송이는 늘 제자리에서 맴을 돕니다
꽃 한 송이와 나의 우주가 온 세상에 가득합니다

—「작은 연못」에서

3) 유월엔 나의 하늘에 붉은 꽃밖에 없습니다
나는 꽃밭에서 살고 꽃 속에서 잠자고
날리는 꽃들을 받습니다
고스란히 기다린 열두 달이 한꺼번에 피어나면
나는 꽃이 됩니다 꽃은 내가 됩니다
마른 나무에 얹힌 빛의 축복입니다

―「석류꽃 유월」에서

꽃은 김선희의 시 세계에서 가장 중심적인 대상이다. 그녀는 꽃에 많은 함축적 의미를 부여한다. 우선 이것은 생명의 대표적인 표상이다. 또한 이것은 생명 현상을 집약한다. 그뿐만 아니라 하나의 세계가 열림을 의미한다. 김선희는 이러한 꽃을 찾아가면서 스스로 꽃과 더불어 꽃핀다. 그녀의 시적 지향은 이러한 꽃을 찾아가는 과정과 결부된다. (1)은 꽃의 부름에 이끌리는 시적 자아의 모습을 보여 준다. 전율하는 꽃은 시인의 몸과 마음을 흔든다. 시인은 이끌려 마침내 꽃들의 세계에 몸을 맡긴다. (2)처럼 시인과 꽃과 길은 하나의 풍경 속에 있다. 꽃이 내게 다가오고 내가 꽃에 다가서는 생명의 길[道]이 있어 마침내 "꽃 한 송이와 나의 우주가 온 세상에 가득" 차게 된다. 생명의 개별성과 전일성이 유기적 관계 안에서 통섭統攝된다. 따라서 꽃은 (3)에서 보이는 시인의 궁극적 지향에 상응한다. 꽃과 내가 하나가 되는 화해和諧의 경험 유형이 나타나게 되는 것이다. 이처럼 김선희의 시 세계는 꽃이라는 이미지를 중심으로 길과 삶이 함께한다. 이래서 나는 그녀의 시세계를 '꽃으로 가는 길'이라 규정하는 것이다.

나에게도 향기라는 것이 있어 욕심스럽게도 언제나
스스로를 향해서만 뿌려졌을 뿐, 돌아보지는 못했습니다
이제 황량한 언덕 위에 삐걱거리는 집 한 채
처음부터 내겐 아무것도 주어지지 않았습니다

—「인샬라」에서

이러한 자기 인식에서 아마 시인은 자기로부터 벗어나는 길을 찾지 않았나 판단된다. 다시 말해서 자기에게 내재한 기억과 조건을 상처나 굴레로 받아들이지 않고 그것을 바탕으로 새로운 세계를 열어 간 것이다. 그래서 시인은 "꽃의 아이들의 신선한 빛깔 속에는 / 아무런 내력을 갖고 있지 않다 / 그것은 그의 신성한 자궁으로 탄생시킨 / 어둠의 어머니들의 몫이다"(「꽃의 아이들」에서) 라고 말한다. 시의 뿌리가 어둠의 어머니라고 하더라도 시의 궁극은 이와 관련하여 아무런 내력을 갖지 않아야 한다. 이래서 꽃으로 가는 길은 존재 구속적인 심리학에서 열린 의식의 현상학으로 가는 변전을 요구한다. 하지만 이들 사이에 급격한 단절이 놓일 수 없다. 몸을 지닌 인간에게 완전하게 어둠으로부터 벗어나는 길은 없기 때문이다. 그래서 그림자의 흔적들은 도처에서 환한 꽃들의 배후가 된다.

환한 꽃가지와 스멀스멀 문을 여는 봄빛들
삶의 어둡던 날을 죄다 깔아 해빙의 하늘 아래
나무들 수런수런 이야기한다, 숲의 비밀을 조금씩 풀어낸다
벚꽃가지 물 위로 드리워져 내 눈의 앵글이 붙잡아 낸
빛의 조명과 각도가 기막히게 어울리는 풍경사진 한 장
인화도 할 수 없는 그것을 나는 오래 관망했다
내 속에서 골짜기의 봄빛이 흘러갈 동안
내 삶의 전부를 이 골짜기의 봄빛 속에 관망했다

–「성지곡」에서

어둠과 빛의 대비나 그림자를 지우고 빛나는 꽃들의 모티브는 김선희의 여러 시에서 반복된다. 꽃으로 가는 길에서 그녀는 여전히 "어둠의 뿌리로부터 치솟는 가느다란 떨림"(「길」에서)을 느낀다. 인화되지 않은 풍경들이 있고 그 풍경 속 기억의 상처가 있다. 하지만 그녀는 "꽃을 가꾸는 정원사"(「존경하는-헤르만 헤세」에서)이고자 한다. 그녀가 꽃으로 가는 길에서 다음과 같이 아름다운 시적 성취를 이루어 내는 것은, 자기의 생을 초극하려는 그녀의 의지에 비춰 결코 우연이 아니다.

누가 그 꽃길 터널 속으로 나를 데려가 다오
차마 갈 수 없는 그곳으로 햇빛이 모여들고 있다
누가 화려하고도 빛나는 잔치가 열리는
너무 급히 와서 순식간에 가 버리는 눈부신 길로

나를 데려가 다오

나는 가득한 너에 쌓이고 싶다, 나를 잊고 싶다

수많은 그대들 조그맣게 소리치며 흘러가고 있는 곳

그곳은 날이 새자마자 꽃들이 하늘을 들어올려

참으로 신비로운 세상 하나가 공중에 떠 있다고 하더라

바람이 모든 것들을 허물어 버리고 데려가기 전에

누가 그곳으로 가는 날쌘 마차 한 대 보내다오

일몰은 쉽게 오고 잔치는 신속히 이루어진다고 한다

먼 그곳에 닿기 전에 모든 꿈들이 흩날려 버린다면

저녁 강물 속으로 우리들 생애도 꽃잎처럼 흘러가겠지

누가 그 꽃길 터널 속으로 나를 데려가 다오

숨은 빛들의 개화로 하늘이 환해지는 날

우린 그 아래서 기다림의 미덕인 어둠과

빛의 극점이 도리어 슬픔이 되는 가슴에의 사유를

받아 지녀 보고 싶구나

누가 그 꽃길 터널 속으로 나를 데려가 다오

—「꽃길」에서

생명사상과 희망의 시학

문선영 | 문학평론가

떠나온 사람과 떠나는 사람, 떠나고 싶어 하는 사람과 떠나간 사람을 기억하며 사는 사람, 누군가 떠날까봐 걱정하는 사람으로 세상은 가득 차 있다. 시인에게 시는 거대한 '정거장'이다. 동시에 정신적 이산민들의 불편한 체류지다. 이때 화두가 되는 것은 무엇보다 정체성이다.

사람들은 대부분 정체성을 절대적인 데서 주어지는 신비한 것이라고 여긴다. 하지만 정체성은 오히려 사람의 몸 일부, 물질적인 것, 구체적인 삶의 자리에 담겨 있다. 사람들은 일관된 정체성이란 것이 있다고 믿으면서 당연하게 받아들이지만, 그 때문에 서로 어긋나고 소통하기 힘들어진다. 그러나 정작 있는 그대로 보려고 노력하면 정체성조차 우연한 것의 소산이 된다. 그럴 때 불필요한 에너지 낭비가 줄어들어서 편견 없이 내리는 공평한 삶의 축복들을 만끽하지 않을까. 김선희 시인의 여섯 번째 시집을 읽으면서 든 이런저런 생각들이다.

이번 시집에서 시인의 화두는 아무래도 삶에 대한 탐구, 특히 정체성 찾기의 테두리에서 크게 벗어나지 않는다. 이 세상이 낙원이 아니고 완전하지도 않지만, 그래도 살아가야 하는 이유를 시인은 말하고 싶었던 것일까, 물론 이것은 결코 삶 자체나 삶을 살아가게 하는 다양한 힘의 비루함들을 뜻하지는 않을 것이다. 시인은 이 지점에서 '생명'의 서사를 중심으로 삶을 풀어내고 있어 주목된다. 시인들은 저마다 독특한 '말하는 방법'을 가졌다. 그래서 다양하고 개성 있는 말하는 방법들을 듣는 재미가 곧 시집을 읽는 재미다. 근접해진 시선의 거리와 지속적인 삶의 움직임은 여기 살고 있는 사람들의 불안한 표면을 통해 그 안의 심리를 포착하는 방법이었을 것이다.

"실로 몰랐던 것이 / 아름다움에 몸을 기대고 흘러가고 있다"-시인의 「자서」말이다. 한 권의 시집을 이야기하기 위해 기억의 창고에서 낡은 필름을 길어 올리는 것은 때로 부담스러운 일이다. 에피소드적 서사, 상대의 말이 끝나길 기다리지 않고 겹치는 대사, 변두리를 맴돌다 정체성을 건드리는 시적 화자-그럼에도 우리는 이러한 것들을 감수해야만 한다.

시인은 자연물, 더 정확히 말하자면 '꽃'에 특히 주목한다. 시인은 이것들을 미학적 차원에서가 아니라 삶의 공기를 담는 그릇으로 가져온다. 그래서 이번 시집의 화면들은 정체성이 욕망하는 것의 반영에 다름 아니다.

골짜기가 환하다
나무는 보이지 않고 꽃들의 무도회만 절정이다
가지마다 충전된 꽃등이 골짜기를 덮었다
그 아래를 서성거리는 나는 아주 조그맣다

꽃들의 하늘 아래를 걸어서 닿지 않는 꽃까지 간다
삶이 다하고 꽃 아래 묻혀서 잠들어도 좋겠다
돌아서지 못하고 그들의 춤을 자꾸 바라보고 있다
짧은 입맞춤이 조금씩 지나는 바람의 길목에
전 생애를 풀어놓아도 좋을 것 같다
해마다 놀라움과 기쁨을 그대에게 바쳤다
경의의 시간들이 꽃 그림자 위로 스쳐 갔고
한세상의 꿈이 내 안에 피었다

–「개화開花 2」

'꽃'은 찰나의 존재라 눈길을 끈다. 아름다운 것일수록 명이 짧다던가, 시인은 꽃에서 정체성의 꽃눈을 틔운다. 천천히 피어나던 꽃은 낯 뜨거울 정도로 활짝 만개하고 그것이 절정에 달한 순간 툭 고개가 꺾인다. 파경조차 눈부신 비극적인 사랑. 꽃의 향기는 바로 거기서 우러난다.

이번 시집에 등장하는 꽃의 이름은 열거하기에도 눈부시다. 모란꽃, 돌나물꽃, 개망초꽃, 오동나무꽃, 연꽃, 해바라기, 패랭이꽃, 때죽나무꽃, 동백, 치자꽃, 칸나, 누드베키아, 능소화, 월계화, 봉숭아꽃, 접시꽃, 사과꽃, 호접란, 나팔꽃–여기에다 감나무, 사과나무를 비롯한 갖가지 식물에 대한 사랑이 절절하게 얹힌다. "사물에 대한 강렬한 밀착과 호기심도 없이 / 살아간다는 것은 왠지 소름끼치는 일일 것만 같다"(「그를 따라」)는 시인의 사유가 형상화된 결과가 아닌가 한다.

김선희 시인에게 생명사상은 범신론에 기초한 것이 확실하다. 모든 생명체에 대한 경외감과 존중, 열망의 표상 등이 그 단적인 증거다. 특히 그는 왜소하고 보잘것없는 미물에 더욱 관심 어린 애정을 보인다. 별 옹호적이지 못한 세계 내 소외된 생명체의 구체적 모습을 통해서 시인은 결국 삶의 실체와 생명의 실상을 탐색하는 순례의 여정을 기획한 셈이다.

어느 날 밤 나무 하나가 걸어오더니 우리 집 앞마당에 멈춰 섰다 나무는 키가 점점 자라 지붕을 넘고 나무 앞에 집은 조그맣게 되었다 조그만 집의 마루 끝에 서서 나는 나무를 올려다보았다 아득한 나무 꼭대기에 달빛 하나가 따라와서 밤새 물을 긷는다 우리가 그 소문에 귀를 기울이며 웃고 이야기하는 동안 바람에 불려 날아가 버린 씨방 하나가 우주의 한 끝을 물고 와 문득 그 실체를 드러내 놓는다 자꾸 넘쳐나는 나무의 그림자 앞에 나는 보잘것없이 작아졌다 그대가 내 의식 속에 점점 자라는 동안 내 귀도 조금씩 열리기 시작했다 어느날 밤 은밀한 휘파람 소리를 따라가다가 문득 낯선 별에 당도했다 오직 나무와 나의 우주만이 덩그러니 놓인 곳에서 오랜 잠의 순수로 흘러가는 침묵의 한 생애를 들여다보고 있다

—「나무 하나가」

시인은 나무 한 그루에서 우주의 원리를 감지한다. 한 그루 나무가 자라 지붕을 덮고, 그 나무가 달빛을 불러오고, 또다시 생명을 잉태하는 씨방 하나를 불러오고— 이렇듯 절절한 우주

앞에 “나는 보잘것없이 작아”질 수밖에 없는 것이다. 그러나 시인은 우주와 교감하면서 세상과 접점을 만든다. “그대가 내 의식 속에 점점 자라는 동안 내 귀도 조금씩 열리기 시작했”기 때문이다. “오직 나무와 나의 우주”가 존재하는 사유는 평화롭다 못해 낭만적이다.

궁극적으로 시인의 의도하는 화해와 긍정의 관점은 철저한 실존적 조건과 그 한계를 천착한 뒤 비로소 수락된 세계관이다. 시인은 시편들을 통해 자연 이미지를 중심으로 인간 삶의 원리를 이해하려고 한다. 그의 시편들은 ‘생명사상에 근거한 희망의 시학’이라고 명명할 수 있는 것은 바로 이 때문이다. 범신론적 관점으로 자연의 상관물에 인간을 관점을 투사함으로써 시인은 자아와 세계의 동일화를 꾀하고 있다.

펄떡거리는 잉어 한 마리 비늘 치고 배를 가르고
맵싸한 잉어찜을 한 국자씩 먹던 날
우린 막 연꽃 구경을 하고 돌아오던 참이었다
바람에 끊임없이 쓸리는 연잎 사이 여기저기
꽃은 피어 은은한 향기를 멀리까지 실어 보낸다
거기 마름이며 개구리밥도 뜨고 부들도 피고
하염없이 쓸리는 잎사귀며 은구슬이며
한여름 밤이 솎아 올린 늪 속의 귀한 손님들에게
우리는 후후 불며 난생처음 잉어찜을 먹는다
승천하지 못해 물 속 깊이 꼬리 감추는

잉어 한 마리 붙잡고 연잎 사이 꽃들을 감상한다
잉어가 날렵한 주인의 칼 끝 아래 어떻게 죽어 가는지
잔인하게 지켜보던 우리 눈에도 연꽃이 피는지
잉어찜을 먹으며 슬며시 내 속을 비추어 본다

–「잉어찜과 연꽃」

무심코 밥을 먹다가 떠오른 오관게五觀偈 중에
이 음식은 온 우주와 땅과 하늘과
고귀한 노동이 준 선물이니
내가 그것을 받을 자격이 있는지 살펴보라는 말씀에
밥은 고만 내 앞에서 깊은 사유가 되었다
감사하기도 전에 성급히 떠 넣던
내 숟가락의 부끄러움
이것은 진정 그대를 통하여 내게 온 것이었구나
자격 없는 나는 밥의 맨 아래층 계단에 서 있다
나를 살렸고 또 나를 살려 나갈 밥은
나를 통해 수많은 해탈의 세월을 빠져나갔다
나는 밥 때문에 무거워졌고
마침내 새가 되지 못했다
나를 무겁게 하고 저 하층 구조 속으로 가두어 버린
형이상학의 밥, 밥이 나를 먹는다

–「밥」

김선희 시인은 기억과 삶의 풍경을 통해 사람의 심경을 잡아내는 매력을 지녔다. 성과 속(「연꽃과 잉어찜」)이 한자리에서 만나는 유쾌함이라든지, 형이하학의 밥과 형이상학의 밥이 얽히는 불편하고도 절묘한 순간은 이 시집을 읽는 또 다른 즐거움이다. 시인은 유한과 무한, 억압과 자유, 그 사이에서의 존재론을 내밀하게 구가하는 장점을 지녔다.

이렇듯 순환적 질서 또한 조화적 세계관의 한 부분이다. 이러한 세계에 대한 조화적 세계관은 시인으로 하여금 자연스럽게 세계에 대한 화해의 시각을 갖게 만든다. 주지하다시피 화해의 입장은 불투명한 심연에서 벗어나 마침내 도달하게 되는 긍정과 사랑의 태도에 다름 아니다. 생명에 대한 외경심은 그늘 속에 잠겨 있는 모든 것들을 투명한 햇살 속으로 불러 모으는 데 결정적 역할을 담당한다.

이상의 생명을 지닌 것들에 대한 조화와 화해의 태도는 곧 생명체들이 모여 있는 자연을 하나의 경이감 어린 시선으로 바라보게 했던 것이다. 시인의 경우 이러한 자연에 대한 경이감은 곧 그 보존으로 연결되고 있다. 현대화가 가속화되면 될수록 황폐해져 가는, 우리 인간의 근원지인 자연에 대한 우려의 목소리는 비단 김선희 시인만의 고유한 발언은 결코 아니다.

시인 김선희의 일관되고 궁극적인 시적 주제는 생명사상과 절대 긍정의 화해적 세계관이다. 살아 있는 모든 것 내지는 살아 있는 모든 것에 대한 소중한 마음씨를 아우르는 생명은 그러므로 그 자체만으로도 지고지선의 가치가 될 수 있고 또한 이 세상을 세상답게 만드는 근원적 힘이 될 수 있는 것이다.

한 자연주의자의 시에 나타난 사물 보기 詩法
시집 『아홉 그루의 밤나무』

유병근 | 시인

시인에게 시는 무엇인가. 자연 사랑이다. 자연 속에 시인이 존재하고 그 존재가 자연을 아끼고 자연을 더욱 자연스럽게 일구어 나간다. 산과 들 바다 등속만이 자연은 아니다. 그 속에서 생명을 유지하고 삶의 새로운 가치를 창출하는 인간은 자연 가운데 자연이다.

인간의 손이 닿는 그릇과 컴퓨터 등속 또한 자연계 안에서 자연계와 유통되는 자연이다. 자연 사랑은 이 모든 것을 총집합한 대상을 아끼고 위하자는 메시지를 담는다. 시인의 경우 이것은 거의 절대순수의 금과옥조임은 사실이다.

이것은 광의적인 자연 해석이다. 대체적으로 자연이라고 지칭할 경우 산과 바다 그리고 들판을 일차적으로 꼽는다. 따라서 시인의 자연 사랑 또한 그런 협의적인 측면에서 다루는 것이 가장 타당한 일이라고 하겠다. 즉 풀, 나무, 바람, 꽃, 눈비, 파도 등이 등장한다. 새와 동물이 등장한다.

시인의 시작을 일별할 경우 시집의 내용 전체가 자연물에서 우러나는 시적 장치로 풍성함을 본다. 이는 시인의 자연 사랑을 자연 소재를 통해서 보여 준다고 하겠다. 이에서 헨리 D 소로우의 이야기를 놓칠 수 없다. 그것은「월든호수를 찾아서」라고 하는 작품이 있어서만이 아니다. 시인의『달빛 그릇』(2007년/전망)에서도 자연주의 사상이 극명하게 드러나는 시작 행위를 볼 수 있다. 그것이 더욱 확대된 과정이 이번 시집『아홉 그루의 밤나무』라고 하겠다. 이런 사상은 시인이 관심을 두었던 소로우의 영향이었으리라는 짐작을 할 수 있다.

자연주의 사상가나 다름없는 시인의 시적 배경에는 소로우의 사상이 알게 모르게 스며들어 있어 보인다. 그것은 시집『아홉 그루의 밤나무』를 관통하는 시의 소재를 일별해도 충분히 알 수 있다.

어느 숲속에서 소로우에게 길을 물었습니다
150년 전 그때 당신은 나의 꿈을 살고 갔었더군요
검소한 차림에 빛나는 눈동자의 소로우가 말했습니다
나는 그때 사라진 것이 아니고 월든 호숫가에서
해마다 푸른 눈을 뜨고 아침 일찍 일어나 멱을 감고
나무숲에서 여우나 다람쥐 발자국을 엿보고 있습니다
내 보트는 강가의 선착장에 매여져 있으며
때때로 바람을 타고 강을 거슬러 올라갑니다
머리 위의 천체는 아직도 반짝거리고 있으며
내 오두막도 건재합니다
나는 야생의 여러 친구들에게 들창을 개방하고

태양을 마중하며 달빛 속에 명상의 시간을 갖습니다
오늘도 몇 킬로미터나 덤불을 헤치며 산책을 하고
늪지를 건너가 수련꽃이 어떤 빛깔로 아침을 열어 가며
어느 때 꽃잎을 오므리고 부푸는지 살폈습니다
숲속으로 눈을 돌리십시오
나는 저 들판을 향해 삶의 외곽을 걷겠습니다
추종자를 원하지는 않습니다
겸허하게 자신의 길을 걸어가는 가는 것이
나와 손잡는 것이 됩니다

–「소로우에게 길을」 전문 (시집『달빛 그릇』2007 / 전망)

이처럼 시인은 일관된 자연 사랑의 사상을 시로 피력한다. 자연을 사랑하고 자연으로 돌아가는 실천을 시를 통하여 표출한다. 시인에게 '소로우=자연 사랑=자아'이며 이를 이어받으려는 지극한 갈망을 시로써 보여 준다. 이러한 시인의 자연 사랑은 시집『아홉 그루의 밤나무』로 이어진다.

한결같이 읊어 나가는 자연 사랑은 자연 그것에만 그치지 않는다. 이를 삶의 한가운데로 끌어와 인간이 처한 자연, 인간이 더욱 인간답게 살아갈 수 있는 환경 조성에 큰 일조를 하고자 한다. 만약 단순하게 자연을 예찬하는 시로 그쳤다면 어떤 점 공염불이 되고 말았을 것이다. 인간과 함께하는 자연계는 인간만의 것이 아닌 모든 생명 있는 것을 비롯하여 생명체가 아닌 하찮은 먼지에 이르기까지 이를 들추는 심성을 시인은 갖는다.

'사람과 사람 사이에 활개 치는 건 먼지뿐이다 나날이 쌓이는 먼지를 비집고 그 위에 가부좌를 틀고 앉아 있다 먼지가 웃고 있다 며칠에 한 번씩 닦는 걸레 속의 먼지들이 세숫대야 물에 수없이 내려갔는데 아직도 건재한 먼지'(「먼지제국」 부분)는 사람이 사는 세상의 부조리를 드러낸다. 부정부패로 인한 세상의 일그러진 모양새를 보는 시인의 시각은 예리하다. 이것이 곧 현대에 사는 시정신이며 나아가 인류애로 이르는 길임은 명백하다. 하기에 시는 무엇을 하는가, 왜 시가 존재하여야 하는가에 대한 대답이랄 수도 있다. 그런 점에서 시인을 추방해야 한다고 일갈했다는 플라톤은 시대정신을 오판했던 셈이다. 그러므로 시가 소외되는 사회정서, 시가 소외되는 국민정서는 보다 더 통렬하게 반성해야겠다. 이것은 정치 구호도 아니다. 세계의 올바른 궤도이행을 위해서는 자연 사랑을 찬미하는 시정신이 곧 시대정신으로 이어져 세계의 굴곡을 바로잡는 굳건한 길이 된다. 그 길이 곧 신선한 공기를 체내에 흡수시켜 건강한 개체, 건강한 사회 형성을 위한 방도임을 깨닫게 한다.

언덕 위에 나무들이 서 있었는데
누군가 나무를 베어 버리고 집을 지었다
집은 태어나기 전의 나무들을 기억하고 있을까
나무와 나무들 사이 성긴 바람이 지나가고
별빛 머물던 추운 밤을 기억하고 있을까
사라져 버린 나무의 그림자가 밤마다 돌아와서

그 자리를 서성거리며 집을 감싸고
집은 한 척의 배처럼 사람들을 싣고
가득한 어둠 속으로 소리 없이 흘러 다닌다
집과 나무와 사람들은 하나같이 풍경 안에
풍경을 이루고 풍경 바깥으로 걸어 나가
또 하나의 풍경을 만들며 흘러간다
나무들 사이로 누군가 마구 걸어 다녔다
집이 저만치 문을 활짝 열어젖히고
넉넉한 품을 열고 사람들을 기다린다

–「나무와 집」 전문

이 또한 소로우의 사상임을 감출 수 없다. '누군가 나무를 베어 버리고' 나무가 사라진 자리에 집을 짓는다. 그러나 베어 버린 나무는 그대로 사라진 것이 아니다. '나무의 그림자가 밤마다 돌아와서 / 그 자리를 서성거'린다. 이러한 인식은 인간의 경우와 조금도 다른 점이 없어 보인다. 집이 사라진 자리를 찾아와 옛집이 있던 자리를 서성거리며 추억에 젖어들지 않는가. 나무를 베어 내고 집을 지은 자리도 하나의 풍경이 된다. '집과 나무와 사람들은 하나같이 풍경 안에 / 풍경을 이루고 풍경 바깥으로 걸어 나가 / 또 하나의 풍경을 만들며' 산다. 하기에 물아일체의 경지다.

새삼스런 일이지만 시인이 꿈꾸고 지향하고자 하는 것은 무엇인가. '침엽수림 아득한 평원 속으로 한 열흘쯤 / 기차를 타고 달리는 북국을 꿈꾼다 / 바람 속에 묻어오는 대륙의 기운이 낯게 스며들어 / 마침내 여기에도 술렁이는 나뭇가지와 / 풀들이 지천으로 돋아날'(「북국을 꿈꾼다」 부분) 그런 시기를 바라고 있다.

바람을 풀어놓으며 분홍빛 하늘을 열고 있다
수천만 번 팽창된 우주는 꽃잎 하나하나마다
까마득한 생성의 비밀을 풀어놓는다
허공에 펼쳐 놓은 꽃잎들의 꿈
여린 꽃잎들에게서 오는 설렘과 감동이
가슴속의 꽃잎을 흔들었다
무심한 일상을 헤집고 꽃잎이 웃고 있다
머지않아 발아래 흩어져 내릴 꽃잎
미묘한 시간의 파장을 열고 꽃잎이 핀다
수천만 번 팽창된 우주를 터뜨린다
가녀린 물줄기가 꽃잎을 만들었다
뜨거운 열망들이 꽃잎을 부풀렸다
생애 낱낱의 소망이 새벽을 밀어올리고
꽃대를 밀어올리고 꽃의 심지에 불을 댕겼다
꽃등이 환하게 켜졌다 배를 띄워라
모든 꽃들이 아침의 강을 향해 흘러가는 순간이다

– 「꽃잎」 전문

불안과 환멸의 세계를 초월하여 꽃잎처럼 밝고 아름다운 세계로 지향하고자 하는 시인의 의도가 극명하게 드러난다. '꽃등이 환하게 켜졌다 배를 띄워라 / 모든 꽃들이 아침의 강을 향해 흘러가는' 행진곡 같은 환희를 읽어 낼 수 있다. 시인에게 절망이란 없다. 시가 구원이라는 말을 할 수 있는 대목이다.

그러므로 시인에게 있어 절망은 희망으로 가는 일종의 이정표에 지나지 않는다. 절망을 절망 그대로 두지 않을 때 희망이라는 싹이 움터 보다 아름다운 결실을 맺는다. '새것이 오고 있다 수많은 날들이 내 앞으로 걸어오고 있다 걸어와서 나와 한 몸이 되어 어떤 풍경들을 보여 줄 것이다'(「달력이 걸어오고 있다」 부분). 그렇다. 시는 새롭고 낯선 풍경을 보여 주는 것이다. '금붕어 두 마리의 평화는 수초 밑에서 놀고 있다 / 거인들의 세계가 분주히 들락거리고 복잡해질 때 / 금붕어 두 마리의 세상은 점점 단순해지고 있다.(「금붕어」 부분)

아홉 그루의 밤나무가 서 있는 밭에서
잠시 즐거운 상상으로 꿈을 꾸었네
햇빛 많은 여기 반반한 곳에 토방 하나를 지어
두 개의 창문을 내겠네
언덕 위의 바람이 밤나무 잎을 건드리고
가을이면 벗들을 불러 밤을 주우려 오라 하겠네
창가에는 의자 두 개를 놓아두겠네
벗이 있으면 함께 앉아 이야기하고
벗이 없으면 바람 소리에 귀 기울이겠네
거기서 보이는 고요한 산 밑 풍경도 나의 것

벼들이 자라는 다랑논 사이를 산책하겠네
풀들이 가득한 길을 오래전 알고 있었지
아홉 그루의 밤나무가 서 있는 그곳
밤꽃이 시들고 밤이 익을 때면
밤나무의 주인은 내가 될 것이라고
즐거운 상상으로 나무들을 헤아려 보았지
양지쪽 풀밭에 눈으로 그려 넣었던 집 한 채
사라져 버린 조그만 내실과 서재
사색으로 채워 넣겠다던 창변 풍경들
꿈이 열리다 만 언덕 위의 밭이 있었네

–「아홉 그루의 밤나무」 전문

안빈낙도安貧樂道라던가, 윤선도의 「오우가」라던가, 그런 분위기를 접할 수 있음이 이 따분한 세상살이에 한갓 위안이 되고 있다. 그렇다고 현실도피주의적 행태는 결코 아니다. '창가에 의자 두 개를 놓아' 세상을 이야기하겠다는 적극적인 언술은 무엇을 말하는가. 두 개의 의자는 상대와의 담소를 의미한다. 그 담소에는 자연을 사랑하고 아끼는 이야기도 물론 있겠지만 그보다는 세상을 살아가는 치열한 삶과 연관되는 이야기로 시의 맥락을 짚어 나가는 것이 올바른 시 감상이 아니겠는가 싶다. 패러독스는 이 경우 시의 의미를 더욱 확장하는 길이 됨을 「아홉 그루의 밤나무」가 넌지시 타이르고 있다.

'저물어 가던 사물의 그림자가 조용히 일어선다'(「저녁은」 부분).

아름다운 것에 닿는 갈망의 온도

– 김선희의 시 세계

정미숙 / 문학평론가

진정한 사랑이란 가장 아름다운 것에 대한 사랑이다.

– 플라톤

김선희 시인의 새로운 시집은 '아름다운 것'을 향한 '갈망'으로 가득하다. "아름다운 것들은 순간의 의미를 갖고 있으며 순식간에 지나가 버린다"(「아름다운 것들 2」)라는 구절에서 이끌어 낸 '아름다운 것들'은 대상의 유한성과 지속의 순간성에서 발생하는 '순간의 미학'을 역설한다. 이러한 순간의 유일성은 또한 인간의 유한성을 끊임없이 상기시키곤 하는 것인데, 그런 까닭에 우리에게 아름다움은 거의 늘 비극적으로 보이고 모든 것은 덧없는 것이라고 생각하게 한다.

김선희가 추구하는 숭고와 애련의 대상인 '아름다운 것'의 의미는 간단하지 않다. 인간의 유한성에 기원을 두고 있는 아름다움을 향한 동경은 그 자체로 시인의 시적 구도構圖/求道로 연결된다. '아름다운 것(들)'은 크게 구분하면 자연, 시 그리고 시인에 대한 고구이다. 시인은 '아름다운 것'에 깊이 닿아 시를 통하여 이를 구현하고자 한다. 하나, 그것은 요원하다. 태생

적인 한계를 갖는 유한자로서 대상과의 영원성을 도모하기가 어려운 탓이다. 매혹적인 대상의 포획은 무한한 동경으로 남는다. 그럼에도 상처받은 화자의 타자를 향한 이해의 여정은 가열하고 자신에 대한 탐구는 치열하다. 나는 시인의 이러한 구도적 자세를 아름다움을 향한 '갈망'이라 부르고자 한다.

갈망은 우선 '간절한 욕망'을 말한다. 수잔 스튜어트susan stewart에 따르면 간절한 욕망longing은 미래-과거로 향하고, 경험은 서사의 물질성과 의미를 생성해 내는 동시에 초월한다. 김선희에게 있어서 우선하는 아름다운 것인 갈망의 대상은 자연이다. 시인은 자연의 심오한 질서에 압도되고 그곳에 이를 수 없는 갈망을 느낀다. 다음 갈망은 마치 '임신 중 여성이 느끼는 공상 섞인 열망'과 흡사한데, 시/시인에 대한 경애가 잉태 욕망으로 드러난다. 이는 불멸과 연관된 초월적 개념일 수도 있고 대지(시골/농경)와 연관된 개념일 수도 있다. 생물학적 현실과 상징계의 시작이라는 문화적 현실 사이의 간극이 임신을 통해 접합되는 까닭이다. 또 다른 갈망은 연민과 함께 하는, 시인 스스로에 대한 긍정이다. 시인의 자기애는 자신을 위하여 무엇을 취하고 남기며 드러내는가를 알게 한다.

아름다움은 자연(생명), 예술(시), 주체(시인)의 삼위일체로 견고하다. 아름다운 것을 향한 시인의 갈망이 어떻게 전개될까? 갈망은 아름다움에 닿을 수 있을까? 갈망이 앞서면 고통스러운 욕망이오, 탄성을 잃은 갈망은 공허한 메아리로 추락할 수 있기 때문이다. 이 글은 시적 갈망의 아름다움이 삶의 지평을

넓히고 생의 리듬을 기억하게 하는 사랑의 온도임을 증명하는 데 바쳐질 듯하다. 김선희 시 안에서 가능한 사랑으로, 우리는 새롭게 꿈꾸고 잠시 뜨거워져도 좋을 것이다.

한 그루 꽃나무가 제 몸의 비늘을 털어내고 있습니다
보이지 않는 어떤 손이 밤새 지어 올린 집이었지요
사람들은 바람처럼 휩쓸리며 나무 밑을 지나갔습니다
꽃나무도 스스로의 하늘빛에 취했습니다
눈부신 방들로 꾸며진 작은 집이었습니다
꽃나무가 걸어온 길은 메마르고 삭막한 시절이었지요
빛의 통로를 따라 반짝 열린
꽃나무의 잔치는 대단한 것이었습니다
당신이 잠시 한눈파는 사이 구름 속의 집들은
꽃비늘이 되어 날아가 버릴 것입니다
꽃나무가 털어내는 제 몸의 간지러움을
사람들은 꽃비라고 부르지요
한 그루 꽃나무가 가졌던 내밀한 꿈들이
단단한 세상을 향해 흩어지고 있습니다

–「꽃잎, 지다」

「꽃잎, 지다」에서 시인은 아름다운 것들이 스러지는 '낙화'의 무상한 순간을 포착한다. 우리는 '낙화'를 읽는 시차視差를 알게 되는데, 화자는 스러지는 분분한 꽃잎을 통하여 좁힐 수 없는 시선의 거리를 조망한다. '낙화'는 '보이지 낳는 손'인 '당신' 조물주와 '꽃나무' 그리고 이를 지켜보는 '화자'의 시선 사이에서 진행된다. '제 몸의 비늘을 털어내고' 있는 꽃나무의 낙화는 조물주, 화자, 그리고 나무 밑을 지나가는 사람들 그 누구와의 합의도 거치지 않은 채 발생한 하나의 사건일 뿐이다. 낙화 이전의 상태, 즉 개화는 '보이지 않는 어떤 손이 밤새 지어 올린 집'이고 '눈부신 방들로 꾸며진 작은 집'이며 '구름 속의 집들'이다. 이는 '당신'이 공들여 지어 올린 작업이다. 그러나 이것은 일순간 까맣게 지난 시간을 잊고 오직 제 몸의 간지러움에 꽃을 비늘인 양 털어내는 꽃나무로 인해 일순 '꽃비늘'로 날아가 버린다. '낙화'이다.

'빛의 통로를 따라 반짝 열린' 대단한 '꽃나무의 잔치'는 짧고, 순간의 절정을 위해 견뎌야 했던 꽃나무의 메마르고 삭막한 시절은 길다. 아이러니하게도 꽃이 지는 순간을 애도하는 이는 오직 화자 한 사람뿐이다. 사실상 꽃나무도, 당신도 이 찰나의 순간을 개의치 않는다. 간지럼을 털어내던 꽃나무는 날아갈 듯 가벼워지는 몸피의 순간 전율했을 듯하고, 당신은 그 사이 잠시 한눈을 팔았고, 꽃은 바닥에 흩어졌다.

한때 꽃그늘을 즐겼던 사람들 역시 그저 자기들끼리 '바람처럼 휩쓸리며 나무 밑을 지나'갈 뿐이다. '바람처럼 휩쓸리며 나무 밑을' 지나가던 사람들은 '꽃비'에 젖을까 저어되는 자신들의 어깨와 발 언저리의 안부가 더 궁금할 것이다. 이제 정신을 차린 꽃나무는 '내밀한 꿈'이 '단단한 세상'에 흩어지며 구르고 쌓이고 밟히며 변해 가는 시간을 견뎌야 한다.

시인은 시원의 생명, 그 신비를 알고 싶고 따르고자 하나 정작 지척의 흐름도 제대로 이해할 수 없음을 고백한다. 우리들의 시선은 부딪친 적이 없고 환희도 슬픔도 나눌 방법을 알지 못한다. 그러나 영원하지 않기에 아름다움의 갈망이 지속되는 것이 아닌가. 시인의 갈망이 아름다움의 유한성에서 기인한 것이듯이 시인의 아름다움이 기우는 이후의 자세를 준비한다. 순간을 사는 찬연한 그들의 잔해를 끌어안고 그들이 남긴 이야기에 귀를 기울이는 것, 그럼에도 불구하고 반짝거리며 부서지는 '모든 꽃들의 고백'에 계속 귀를 기울이는 것이다.(「모든 꽃들의 고백이 반짝거리며 부서진다」) 그 전후의 사이에서 생명의 비전祕傳을 담을 시를 생산할 비전을 갖게 되지 않을까.

가끔 그대가 생각나면 그대가 내 생의 어느 모서리 바람벽을 지나가며 슬쩍 옷깃 한번 보여 주고 갔는지 아득한 꿈처럼 희미해진다 그대는 언제 은하수 물살을 헤쳐 와 하얀 종이배 하나를 띄워놓고 내가 잠든 사이 저 먼 북극의 가문비나무 숲속으로 걸어갔을까, 그대를 만나지 못했던 긴 시간을 나는 잘 모르고 그대의 전생이 내게 심어순 눈물 따라 나는 새롭게 태어나서 그대를 그리워하는 한 마리 새가 된다

벌써 사랑은 나를 지나서 저 먼 가문비나무 숲속에 잠들어 있을까, 다시는 그대를 만나지 못하고 나약한 내 뼈가 으스러지면 우리의 연민은 여기서 끝나는 것일까, 나는 하얀 성곽 속에 그대가 숨어 있을 것이라 믿고 차를 타고 그 길목을 돌아서 간다 필시 그대도 저녁마다 구슬

을 꿰어 이루어지지 않는 사랑의 깊이를 한 줄 한 줄 다듬고 있을 것이라고, 그대가 무심히 내 별자리를 밟고 지나가 버리면 나는 그곳에 비를 뿌리고 풀꽃들을 키운다

가끔 그대가 생각나면, 그대는 나를 생각하지 않고 나를 잊어버리고 나를 알지 못하고 한 방울 물이 되어 먼 바다 쪽으로 흘러간다 이슥토록 저문 골짜기를 헤매는 나는 그대가 다녀간 적막한 강기슭에 홀로 꽃 피는 목숨이다

–「가문비나무 숲속으로 걸어갔을까」

「가문비나무 숲속으로 걸어갔을까」는 시편을 통틀어 가장 아름다운 시로 아가雅歌를 연상하게 한다. 지극히 종교적이고 사색적인 시를 지향하는 시인의 명정한 시 세계에는 세속적인 흥정이 없다. 첫사랑의 이야기나 연애시 한 편도 노골적으로 드러내지 않는 시인에게 '그대' 혹은 '당신'은 '자연'이거나 '신'(조물주) 그리고 '시인'에 한정된다. 물론 연정이 시적 대상에 녹여져서 드러날 수도 있다. 여기서 시적 대상이 자연과 시/시인이든 혹은 시인의 가슴 깊숙이 묻어 둔 아련한 정인이든 그것이 중요한 것이 아니라 '그대'를 향한 시인의 다함없는 순결과 순정이다. 사랑하는 대상에 대한 시인의 태도는 삼가와 안부, 그리고 절제된 고백으로 점철된다.

'그대'는 '먼 그대'로 나와 거리를 갖는다. 가까이 살면서 언제고 쉽게 만나 안부를 물을 수 있거나 살과 볼을 부빌 수 있는 살가운 정인이 아니라 설레고 궁금하나 두렵고 애틋한 '그대'

이다. 그래서 전면으로 드러나지 않는다. “그대가 내 생의 어느 모서리 바람벽을 지나가며 슬쩍 옷깃 한번 보여 주고 갔는지 아득한 꿈처럼 희미해진다”의 구절에서 ‘그대’는 무엇인가. 시인의 정인은 시인의 시적 열망을 고스란히 간직한 시적 대상이거나 드높은 경지, 바로 그것이 아닐까. 삼가와 절제를 시작 방법으로 삼은 김선희 시인이기에 이러한 오랜 갈망이 가능한 것이 아닌가.

정신을 깜빡 놓을 때 시 혹은 그대는 한순간 머뭇거림도 없이 청정하고 웅숭깊은 ‘가문비나무 숲속’으로 사라지고 당신의 시의 성, ‘하얀 성곽’으로 몸을 숨기고 칩거한다. 함부로 만날 수도 약속을 잡을 수도 없다. ‘나’는 ‘그대’가 아닌 존재는 생각할 수도 없기에 그대를 떠날 수 없다. “그대를 만나지 못했던 긴 시간을 나는 잘 모르고 그대의 전생이 내게 심어 준 눈물 따라 나는 새롭게 태어나서 그대를 그리워하는 한 마리 새가 된다”는 구절에서 알 수 있듯이 시인에게 ‘그대’는 절대적인 유일한 정인이다. 그럼에도 나와 그대는 쉽게 만날 수 없고 늘 그리워하는 존재이다. 이럴 경우 ‘그대’는 종교적 대상이거나 ‘시’의 영혼이라고밖에 말할 수 없다.

이 시의 드높은 순정성은 이러한 상황에도 ‘나’는 그대를 원망하거나 사랑 / 그리움을 철회할 듯한 그 어떤 투정도 보이고 있지 않다는 사실이다. 놀라운 신뢰, 영원한 이해와 교감을 전제하고 있다. “벌써 사랑은 나를 지나서 저 먼 가문비나무 숲속에 잠들어 있을까, 다시는 그대를 만나지 못하고 나약한 내 뼈가 으스러지면 우리의 연민은 여기서 끝나는 것일까"라는 진술에서 화자는 심각한 회의와 좌절을 드러내기도 한다. 내내 눈을 떼지 못하고 서성거리는 자신을 훅 스쳐 사랑이 잠든 것이 아닌지, 끝내 만남이 이루어지지 않거나 나의 죽음과 함께 사랑이 끝나는 것이 아닌가 우울하다. 그러나 놀랍게도 '그대'를 향한 믿음은 다시 사랑의 탄성彈性/歎을 회복한다.

'나'는 그대가 스쳐 지나간 자리를 자신의 거처로 삼는다. 사랑의 깊이를 받들어 나의 풀꽃들을 키우고 정원을 아름답게 지키려는 고독한 정진의 의사를 밝힌다. '나'는 '홀로 꽃피는 목숨'이나 '그대'를 사랑/생각하기에 꽃일 수 있고 '꽃'에 물을 주는 사람은 '그대'이자 '나'로 겹쳐진다. 그래서 시는, 사랑이고 생명이고 아름다운 것이라는 합의에 도달한다. 김선희 시인의 사랑은 이토록 질기고 아름답고, 아름답다.

1

우리는 일만 송이 꽃들 속으로 걸어들어갔다 흐르지 않는 시간이 천 개의 바람을 안고 잠자고 있었다 우리는 비밀의 향낭香囊을 펼쳐 보았고 천년의 바람을 훔쳐 내었다 지상의 꽃들을 비추고 있는 꽃의 거울 속에는 일만 개의 방울 소리가 숨어 있었다

일만 송이 꽃들이 길을 나섰다 저문 늪을 지나 비단 치맛자락 끌며 곡옥曲玉 귀걸이들이 오랜 잠을 털며 일어서고 있었다 저 산 위에도 발 밑에도 수레 소리 요란한 고대사의 그늘이 기지개를 켜고 있는 중이었다

천년의 바람이 꽃잎을 흩뜨리고 일만의 방울 소리를 울리며 꽃들 가운데로 걸어 들어갔다 천년 뒤 떠오르는 뜨거운 길 하나가 꿈의 빛을 열고 꽃길 속으로 걸어가는 낯익은 얼굴들이 일만 송이 꽃의 거울 속에 도화桃花빛으로 화끈거렸다

2

바람 속으로 몸을 푸는 천년의 여자들
바람의 길을 따라 어디든 귀밑머리 흘리고
바람 속으로 사라져 버릴 향기로운 살빛들
향낭 하나씩 간직한 그녀들이 풀어 논 바람 위로
뽀얀 살빛 밟으며 하늘 길을 걸어간다
바람의 거울 속으로 얼굴 비춰 보며 출렁이는 여자들
일만 개의 꿈의 향낭을 흔들며 눈짓하는
일만 송이 여자들의 겨드랑이 사이로 흠뻑 젖어 들어간다
일만 송이 꿈의 살빛 따라 구름 위를 밟고 간다

—「천 개의 바람을 등에 업고 일만 송이 꽃들이 길을 열고 있다」

이 시는 김선희가 추구하는 아름다운 것들의 풍경을 유려하게 펼치고 있다. 여기서 시인이 보인 신화적이고 종교적인 시간관인 미래-과거의 구도가 지금-여기의 현재적 구도로 재편되어 감을 느낄 수 있다. 시인은 조용히 혼자 칩거하던 방과 골목의 주변을 벗어나 바람과 꽃이 되어 '천년의 시간' 속을 걸어가는 상상적 체험을 완성한다. 먼 곳의 '그대'를 그리며 그의

반응을 숨죽여 관찰하던 모습과 대비된다. 능동적인 유혹자로 걸어가는 '여성-시인'의 압도적 부상을 목도한다. '우리'는 꽃이고 여성이고 시인이고 아름다움이다. '우리'는 일만 송이 연꽃의 동명同名이자 천년을 이어 온 여성 시인의 이명異名이라고 보아야 하지 않을까. 우리, 꽃들 속엔 '흐르지 않는 시간'이 잠자고 있다. 이곳은 과거와 현재 미래가 한데 어울려 있는 장소이다. 우리는 거리낌이 없는 매혹적인 여전사, 아니 여신 같은 포즈로 거리낌 없는 행보를 펼친다. 비밀의 향낭을 펼쳐 보기도 하고 천년의 바람을 훔쳐 내기도 하고 꽃의 거울 속에 일만 개의 방울 소리가 숨어 있는 것을 간파하는 기지를 갖추기도 한다.

'우리'를 읊조리는 시적 화자를 통해 시인 외부와 내부에 잠복해 있던 여성들이 모두 일어나 군무群舞를 펼치는 듯한 환각hallucination에 빠진다. 이는 지각의 차원을 넘어서는 것으로 화자의 정념적 감각sensation affective을 알게 한다. 생명체는 순수한 정신이 아니라 현실적 대상들과 상호 작용하는 존재 물체corps, 몸적 존재이다. 지각이 신체의 반사적 능력의 척도라면 정념은 신체의 흡수하는 능력의 척도로 실제적 작용/작동과 관련된다. 다시 베르그송에 따를 때 지각은 신체에 외재적이며 정념은 내재적인데 관념론자든 실재론자든 "진정한 환각"hallucination vraie은 투사된 주체의 상태이다.

시인은 여러 편의 시에서 시를 읽는 자신의 모습을 비추고 있는데 그중 「모자를 쓰고」에서 화려하게 치장을 하고 시집을 읽는 시인의 모습을 조명하며 '멋있는 치장'의 이유를 질문하고 있다. "모자를 쓰고 머플러를 두르고 현관에서 부엌까지 마루를 오가며 시집을 읽는다 아직은 춥지 않은데 뿔테 안경을 끼고 모자에 머플러까지 두르고 (중략) 이렇게 멋있는 치장을 하고 먼 시인을 불러오는 것은 무엇일까"라고 자문自問한다. 옷은 여성의 피부이자 자신의 정체habitus를 드러내는 표지이다. 시인이고자 하고 영원히 시인일 수밖에 없는, 그녀의 시를 향한 그리고 자신을 위한 자부와 존중을 드러내는 표지라고 생각된다. 시인은 여성의 소비 욕구를 "순전히 나만을 위한 비밀의 내 것을 사기 위해"(「그때처럼 여자들은」) 헤매는 것이라고 이야기하기도 한다. 이쯤에서 우리는 위의 시 「천 개의 바람을 등에 업고 일만 송이 꽃들이 길을 열고 있다」에서 화려하게 치장한 여성들의 무리가 오랜 시간 합의된 그녀들의 은밀한 약속이었음을 상상하게 된다. 흐르지 않는 시간 속에 움직임의 새로운 변화를 시도한 주체가 곡옥 귀걸이를 한 여인인 셈이다. '소유물 또는 부속물'이 주체의 생성이라는 이야기를 이어 간다는 스튜어트의 지적은 여기서 유용하다. 우리들의 역동성은 새로운 길을 연다. 그녀들이 길을 밟으며 나아가며 여는 길은 천년 뒤의 새로운 길이다. 과거의 시간(고대사의 그늘)을 상기想起/常氣하고 놀랍게도 미래의 길을 밝히는 성과를 올린다.

"천년 뒤 떠오르는 뜨거운 길 하나가 꿈의 빛을 열고 꽃길 속으로 걸어가는 낯익은 얼굴들이 일만 송이 꽃의 거울 속에 도화 빛으로 화끈거렸다"에서 시인이 역설한 '천년 뒤 떠오르는 뜨거운 길'은 무엇인가? 이는 잇따르는 여성 이미지에 서 유추

할 수 있다. 천년의 여자들, 몸을 푸는, 향기로운 살빛들, 겨드랑이 사이로 흠뻑 젖어 들어간다는 이미지들로 이어지며 매우 에로틱한데, 신화적 세계관에 비출 때 꽃과 물, 여성은 아름답고 풍요로운 생산적 거처인 원형적인 여성성을 상징한다. 살빛 구름 위, 흠뻑 젖어 들어간다로 이어지는 표현은 생산을 향한 성적 합일을 상상하게 한다. 늘 겉돌며 그동안 유예되고 유보되었던 연애와 사랑의 향연이 펼쳐질 듯도 하다. 「천 개의 바람을 등에 업고 일만 송이 꽃들이 길을 열고 있다」는 이러한 여성성을 지금-이곳에서 기억하고 회복하고 떨쳐 낸다는 데에 그 의미가 있다. "천년의 이팝나무"와 "시인-나무"를 거치며 남근phallus으로 상징되는 사유의 그늘을 벗어나 발산하는 새로운 에너지가 역동적이다. 이것은 무한한 여성성의 기억이고 복원의지이다. 기억과 의지는 무한한 에너지의 원천이다. 생명은 곧 리듬의 기억이다. 아름다움은 언제나 하나의 발생이자 출현이고 구성되는 것이고 또한 이를 바라보는 시선에 이해 완성된다. 진정한 아름다움은 길을 따르며 길을 새롭게 만들어 가는, 길이다. 이럴 때 길은 열린 삶을 향한 거역할 수 없는 행보이자 모든 희망을 열어 놓는 생명의 원리이다. 오직 시를 향한 김선희 시인은 떠오르는, 뜨거운 길 위를 향해 있다.